くらすことの本

わたし自身のものさしをみつける

「ありのままのわたし」を生きる

「ありのままのわたし」を生きる

生き方

からだとこころ

ユーモア

子育て

詩

「ありのままのわたし」を生きる

絵　高木みかを

「ありのままのわたし」とは？

毎日決まった日課。
親や社会が望む役割や肩書き。
「こうあるべき」を手放すと自然とひらけてくる、
わたしにしか歩けない道。

それは自分自身とつながり、
その内側から聞こえる声に耳を傾けることから
はじまるのかもしれません。

聞こえてきた自分の声に従って生きるために
決断したことやはじめたこと。
やってみたこと、そしてやめたこと。

あなたにとっての「本当」のこととは？
「ありのままのわたし」とは、どんなわたしでしょうか。

ありのままのわたし　01

はったえいこさん

「tonerico」店主、「Loveit」創案者

・ありのままの自分を無理に探さなくていい。どれも自分だから大丈夫

・元の状態がベストなわけではない。その時、その時のベストを見つけていく

・未来に迷った時は、今よりちょっとでも世の中の役に立ちそうな道を選びたい

構成・文　渡辺尚子　　写真　長田朋子

ありのままの自分に出会うために、
遠くへ旅立つ人もいます。
ルーツを求めて、元いた場所に帰る人もいます。
彼女は、そのどちらでもありませんでした。
森の中で、さなぎのように
小さな家をこしらえたのです。

はったえいこさんと、ホワイトシェパードの相棒コハク。栃木県益子町の自宅で。

「はっちゃん」ことはったえいこさんは、現在魔女の修行中。奈良県で生まれ育ち、いまは栃木県益子町の、森に囲まれた池のほとりで暮らしています。

「好きなものを絞ることができないねんな。動物が好きで、植物も鉱石も好きで、星を眺めるのも好きだし、薬草にも興味があるし、本を読むのも森の中を歩くのも大好きやし、できたら少しでも誰かの役に立ちたい。せやから、魔女になりたいの」

いつものようににこにこ笑いながら、はっちゃんはそう言いました。手元には温かい野草茶。

はっちゃんと知り合って、十数年が経ちました。彼女の〝表〟

「家って、暮らしの全部でしょ。
家をつくったら、自分の好きなこと嫌いなこと、
できることできないことが、全部わかる気がしたの」

の顔は、「tonerico」オーナー。古民家を改修した建物には、古今東西の選書が集められた図書館と、博物標本が展示されたミュージアム、手仕事が並ぶショップ、それからグローサリーが併設されています。時空を超えた不思議な場所。

その店を営みつつ彼女は、専門家から薬草や石を学んだり、書物を開いたりしながら、魔女になるべく励んでいるのです。

「職業を別にもっててふつうに暮らしてるけど、実は魔女でね、悩んでる人に必要なものを差し出すの。『生薬がいいよ』とか、『まず食べとき』とか、『この石を身につけとき』とか、『この本を読むといいよ』とか。いつかそんなお婆ちゃんになりたいから、修行中」

新しく生きるために

はっちゃんは、40代になって「自分ってどんな人だったかな、これからどうなっていくのかな」と考えた時に、「新しく生きたい」という気持ちが生まれたのだそうです。いま自分が好きなことを大切にしながら、一日一日を新しく過ごしたい、と。

「自分」に気づくきっかけとなったのが、家づくりでした。

「家をつくれば、自分の好きなこと嫌いなこと、できることできないことが、全部わか

朝食はたっぷりと。近くでとれた野菜と、自家製パン。

はったさんの自宅。草屋根も雨水タンクも太陽温水機も、家を建てるときに調べて、業者や材料を見つけた。

池に面したはったさんの家。
益子の森の木々にすっぽりと
覆われている。

池にはいつも季節が映っている。

「動物はすごいと思う。
生まれてすぐに自分の面倒をみるし、
自分って何だろうなんて考えていないけど、
それで十分やん」

る気がしたの。家をつくるなんて経験ないし、ローンを組むのだって初めてのこと。それでも2000万か3000万の借金で自分がわかるなら、やってみたらええやん、って思ったの」

それはちょうど、15年間勤めた仕事場「スターネット」を去るタイミングでもありました。

「スターネット」は、デザイナーの馬場浩史さんが東京から益子に移住して創設した、美しき生活実践の場でした。カフェでは地元のオーガニックな食材を使い、ギャラリーでは手仕事による衣服や食器を紹介していました。馬場さんを慕って、画家や音楽家、農家、旅人など、さまざまな人が集まってきました。そうした仲間とともに食卓を囲んだり、コンサートや展覧会を開いたりすることも、そこから生まれる喜びを周囲と静かに分

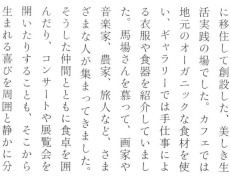

かち合うことも、「スターネット」の日常のひとつでした。

　はっちゃんはここで、馬場さんの秘書のような役割を担っていました。

「秘書といっても、お客さまにお茶を出すとか、一緒に話を聞くとか、ものを選ぶとかね。でもわたしにとって、そこから吸収したことが大きかったの」

　馬場さんが亡くなったあと、はっちゃんは「スターネット」を退職し、馬場さんのもっていた古民家を借り受けて「tonerico」をつくりあげます。そして、自分の家づくりにも着手したのでした。

　はっちゃんの家は実際、簡素ながらもとびきり快適です。

　玄関の三和土には、益子焼きの古い陶板が埋め込まれています。台所の壁は、陶芸家の友人と焼いた飴釉のタイル。窓枠や扉は、建て壊された家の部材でできています。お風呂のドアには、近所の古道具店で見つけたというステンドグラスが小さくはめ込まれていて、朝に夕にと光を通します。

　壁の内部には断熱材がわりに羊毛を詰めてもらいました。室温を快適にするため、屋根は植物を生やした「草屋根」に。

「これはわたしにもできるんだ、とか、これは無理だな、というのをひとつひとつ確かめていったら、自分が見えてきたの」

信じる気持ちに応えて

「ありのままの自分を見つける」という話になった時、はっちゃんは首を傾げました。

「ありのままの自分を探そうとすると、しんどくなるでしょ。犬や猫を見てると、自分なんて考えてないけど、元気なら元気なりに、調子悪ければ調子悪いなりに生きてる。わたしたちも、その時の自分にとって良い状態を見つけていけばええやん。ど

はったさんが営む「tonerico」にも、森で見つけた植物を飾る。季節が建物の中でめぐりはじめる。

んな自分も自分なんだから」

　そしてこうも言いました。

「生きてるだけで十分。どんな人も、人生というレースには参加してる。それだけでもう、すごいことなんやで」

　それは生半可な気持ちから出たことばではありません。

　彼女がどうして「スターネット」に来たのか、長いつきあいがあるにもかかわらず、これまでわたしは知りませんでした。いつもその話になると、はっちゃんは微笑むばかりだったから。

　十代の終わりから、はっちゃんはロンドンで暮らしていたのだそうです。ジュエリーを作るイタリア人女性のもとで働いたあと、ファッションデザイナーのコシノミチコさんと知り合います。デザインに興味のあった彼女にとって、さまざまなクリエイターの出入りするその環境で働くことは、理想的でした。

　けれども不調に気づいて一時帰国したはっちゃんは、そのまま病院に入院しました。

「入退院しながら5年間過ごしてた。暇さえあれば死んでやろうと思ってたけど、必ず病院に連れ戻されてしまう。一生そこで過ごすかもしれないと言われてた」と話すはっちゃんの声はいつもの通りやわらかいのです。

「でも途中から思ったの。絶対にここを生きて出る、って」

　どうしてそう考えることができたの、と思わず尋ねると、はっちゃんは「家族が、信じてくれたから」と教えてくれました。

「病気でどんなにおかしなことを口走っていても、兄ちゃんや両親はわたしを信じて守ってくれたの」

　家族に支えられ、はっちゃんは力を取り戻していきました。

「ひとつずつ試していったの。アロマの資格をとれたら『資格をとれる頭になれた』、アルバイトでレジができるようになったら『レジができる人間になった』って。失敗したり周りが変な顔を

信頼する仲間、郡司慶子さんの工房で。

したりしてたら『これはまだ早かったかな』って思って」

それは根気のいる日々だったでしょう。それでも、きっとここを抜けられると、はっちゃんは信じていた。益子で馬場さんに会ったのは、5年間の闘病を終えてすぐのことでした。こうして彼女は、自分を信じてくれるもう一人に出会ったのです。

「石、薬草、星、古代、魔女、本、子どもの頃から好きだったものが少し遠くの確かな夢に導いてくれる」

「ドロップアウトしてたわたしが、こうして社会に戻ってきて、馬場さんのところでお茶どうぞをさしてもろてたんやもの。その、戻ってこれた意味を、考えてるの。そこをやらないと、生きる道がつながらない気がして」

だから彼女は魔女になる。好きなものすべてをつなげながら。

「こんなわたしを必要としている人がいるのかどうかわからないけれど、もしも誰かの役に立てるなら、って思ってるの」

はっちゃんの声を聞きながら、彼女だけじゃない、もしかしたらわたしたちひとりひとりが、誰かにとっての魔女になれるかもしれない、と思いました。

「tonerico」には、図書館とティールーム、ミュージアムショップと日用品店が併設されている。

右／「tonerico」の図書棚。左／石や木の実の首飾りは、古代文明にもつながっている。

はったえいこ

奈良県出身。十代の終わりに渡英、2004年から15年間栃木県益子の「スターネット」でスタッフとして過ごした。現在は魔女の修行をしながら「tonerico」を営む。人生の新たな旅を計画中。loveit.circus.com

はったえいこさん

「ありのままのわたしを生きる」Q & A

得意料理を教えてください。

料理の天才（スターネット創設メンバーの星恵美子さん）が近くにいるので、わたしの得意料理だなんておこがましい……。旬の野菜をシンプルにいただくばかりです。あとは、友人が来た時のたこ焼きでしょうか。丸く焼くパフォーマンスと熱々をホクホクいただけるのとで、美味しさも倍増です。

心や体の不調を感じた時のメンテナンス方法を教えてください。

愛犬コハクや愛猫アッシュと戯れる時間をいつもより増やします。たいていすぐに良くなります。また、体調にあった薬草を煎じたり、アロマオイルなどでマッサージしたり、お風呂でリラックスしたり、ツボにお灸をしたりすることもあります。時々、鍼灸師の兄に鍼灸治療をお願いしています。

今のあなたを形作るのに、影響を与えた一冊とは？

一冊に絞るのは難しい！辞典も絵本も占星術書も民話や神話も好きですし、聖書も物語として読みます。この『カミと神』も面白い一冊です。

最近幸せを感じた小さなエピソードは？

台所の窓から見える大きな木、数年前の草刈りの時に根元から切られそうになったのです。勢いよく鋸が入ったところで「ちょっと待って！」。枯れないか心配したけど蘇り、鋸の跡はまだ痛々しいけれど、翌年には葉をつけてくれました。ふと立ち止まったあの時のおかげで、今年も葉っぱの絨毯が楽しめました。

コロナウイルスの感染拡大が世の中を揺るがしています。その状況をどのように捉えていますか？

これからどのように生きたいか、考えています。毎日わがままに楽しく過ごさせていただいて、幸せに生きていますが、もっともっと、心が喜ぶことには貪欲に。自分が幸せでないと、誰も幸せにできないのだ、と身を持って知った、この一年。人生はまだまだ続く……。

怒るのはどんな時ですか？

たとえば、国民の税金を勝手に使って、戦闘機を買ったりしていることや動物虐待のニュースを見たり聞いたりする時に、怒りが生まれます。理不尽に思えることには怒ることがあるけれど、ただ一方で、怒りは対立を生み、怒ってもなんら解決しないのも知っています。自分への戒めでもあります。

・目の前に起こること、体や心に起こることは
すべてサイン。わたしに用事があってやってくる
・内にこもっている悲しみや怒りを目に見える形で表す
その勇気が持てるのは自分が本当に望んだとき

中山晶子さん

「ロミロミ」セラピスト
マヒナ・ファーマシー主宰

地下鉄の駅で降ってきた「ロミロミ」という音に
導かれるようにハワイへ。
そこで出会った自然と人とのハーモニー。
心の中にいつもあった孤独から解放され、
「役割」を果たす喜びを感じられるようになるまで。

中山晶子さんが東京・下北沢にマヒナ・ファーマシーを構えて5年あまり。「マヒナ」にはハワイ語で「月」「月明かり」という意味がある。月の満ち欠けは女性の心と体に影響を及ぼすと言われ、女性性のシンボル。ここをそう名づけたのは、女性たちが自分自身をケアできるように、智恵や経験を分かち合う場でありたいという願いから。

こじんまりした建物にハーブ製品やフラワーレメディなどを扱うお店とロミロミの施術を受けられるサロン、それからワークショップルーム。あちこちにさりげなく掛かっている花や葉のレイや植物の束は、場を整えるためのお守りだという。耳を澄ますと植物の密やかな息遣いが聞こえてくるようだ。

「すごくいいひとたちですよね、植物は。人間にとって有益なものをたくさんもたらしてくれる。栄養だったり、傷ついたものを治すことだったり、励ましだっ

構成・文　松本あかね　　写真　吉森慎之介

下北沢の路地にたたずむ。植物療法をセルフケアに取り入れる女性たちの拠りどころだ。

たり。でもそれが植物の役割で。わたしたちも役割を果たせたときは嬉しいですよね。きっと植物たちもそうなんだと思います」

ロミロミと出会う

こうした植物への眼差しは、ロミロミを学んだハワイで育ま

オリジナルのクリーム、コーディアルや一家に一つ「緑のおくすり箱」の相談も。

れたもの。彼の地へ赴くことになったのはちょっと不思議な経緯から。当時の晶子さんは音楽業界の会社員。忙しさから体を壊し、体調が戻らないまま仕事を続けていたある日、帰宅途中に地下鉄の駅でぽんと音のようなものが降ってきた。「それが〝ロミロミ〟だったんです」

調べてみるとハワイの伝統的なマッサージだという。

「インスピレーションとして何かが聞こえる感じというのが時々あるんですけど、その音から、ハワイという土地が発するものすごくやさしい調和を感じて。ピンとくるものがあったから、じゃあ行ってみようと」

会社を辞めて飛び立った。そしてずっと探しているものに出会ったと直感することになる。

「ハワイという土地には森羅万象と調和する愛情のある考え方があります。最初はロミロミというより、そこに惹かれたんです。森羅万象の世界には優劣がない。神様がいてその下に人間がいるというのではなく、人間も植物も動物も森羅万象の一部だというフェアな感じ。それぞれ役割があって存在していて、尊敬があってつながっている。そういう世界観にほっとしたのかもしれません」

窓辺に古い時代のハワイアンのポートレート。小さな花のレイをまとって。

ハワイの人たちは貝や実、花をつないだレイを贈り、祝福や感謝を表す。右の黄色い葉、ティーは日本でいう榊のような存在。そのレイを身につけることで心身を浄化し、森羅万象に宿る神とつながる準備をする。左下の数珠に似たレイはククイの実でできており、学びや修行を終えたとき師匠から手渡される。

自分の中を空っぽに

それから年に数回はロミロミの師匠のもとに通い続ける生活が始まる。教えを受ける中でよく言われたのは「自分の中にモヤモヤやイライラがある状態でクライアントに触れてはいけない」ということ。ロミロミには「揉む」という意味があり、源をたどれば病を癒すための医療行為。掌にオイルを塗り、肘まで使いながらクライアントの全身をケアするワークは、晶子さんの言葉を

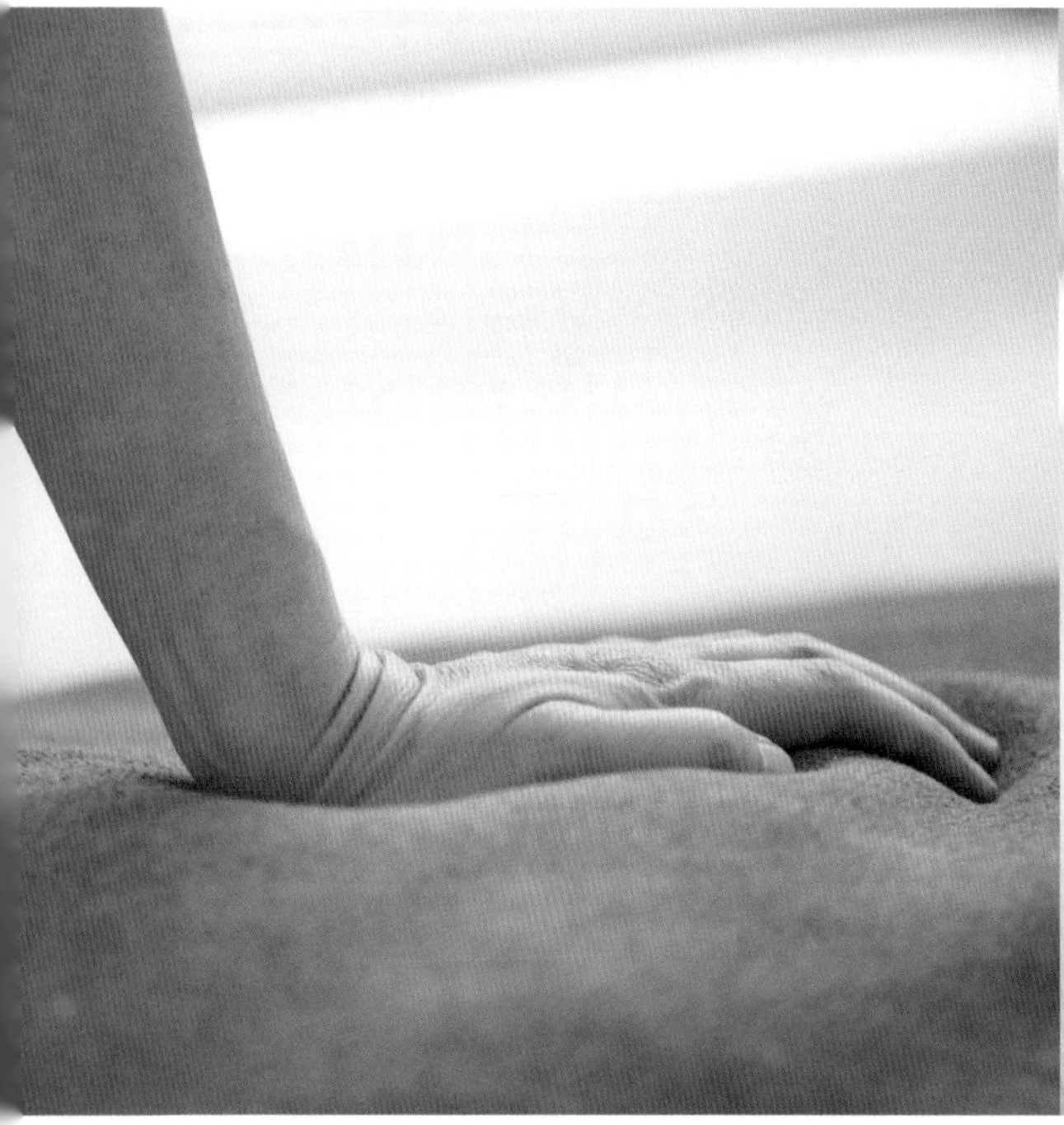

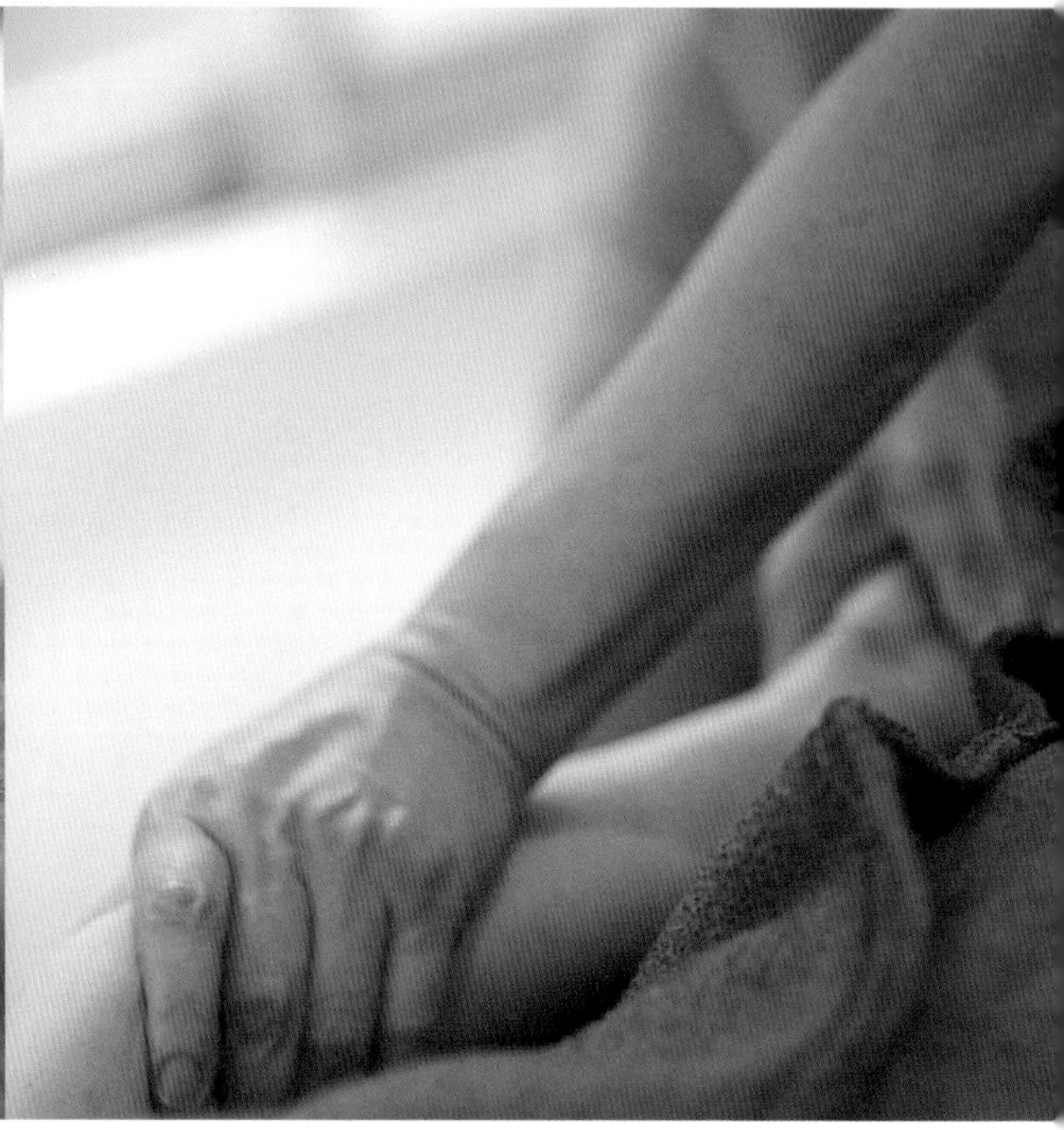

借りるなら「自分の中を空っぽにして、クライアントの体、エネルギー、霊的な部分へ入っていく」のに等しい。だから、セラピストの内面は常にクリアでなくてはならず、そのための方法として、トレーニングの前に必ず「ホオポノポノ」と呼ばれる場が設けられていた。

「皆で円になって座って、心の中にあるネガティブなことを順番に話すんです。それはとても勇気のいることだけれど、皆の話を聞いていると、自分にも思い当たることがあると気づいたり。すると、なぜその感情がその人の中でわき起こっているのか、自分のこととして考えられるようになるんです。例えば怒っているのは、その奥に悲しみがあるからではないかと想像できるようになったりする」

「ホオポノポノ」は伝統的にこのような形で家族や村といったコミュニティーの問題をクリアにするために用いられてきた。

「悩みや不満のある人がいると不調和が起こるでしょう。そこでホオポノポノの場を持って、一人の問題を皆が自分の問題として真摯に解決していく。そうしないと、そのコミュニティーや先祖代々の因縁が続くということを、ハワイアンたちはよくわかっていたんですね」

母との関係を取り戻す

日本でセラピストとして活動を始めてしばらくした頃、晶子さんは体調を崩してしまう。体が金縛りにあったように強張り、気分が沈み込む状態が1ヶ月以上続いた。心配した友人たちの紹介で、とあるセッションを受けることに。そこで指摘されたのは母親との関係について。

「思い出してみると子どもの頃からわたしはいつも聞き役。母が感情や思いを吐き出して、それを受け止める。母は嬉しいとすご

く嬉しいとなるし、反対に悲しみや怒りに取り巻かれると聞いてほしい、理解してほしいとわたしに強く求めてくる」

二人の関係は「母が太陽でわたしは月のよう」だった。月は太陽の光を反射して自ら光を発しない。自分の感情を素直に表したり、甘えたり、頼ったりすることなく大人になった。「無邪気さが消えていくんです。親からすると『冷めた子』だったかもしれない」。そうやって常に「お母さんを優先して」きた自分に気がついたとき、晶子さんは手紙を書こうと思い立った。

「母にどんな思いを抱いていたか、思い出せることを全部書いて送りました。自分の中に溜め込んでいたものを伝えることで、お母さんと新しい関係を作りたい、お母さんと仲良くなりたいからこの手紙を書いている、と書いて。これからの人生、自分らしく清々しく生きていくためにもこの手紙が必要なんだって」

しかし待っていたのは沈黙。時々やりとりしていた電話も途絶えたまま年末を迎える。傷つけたのではないかと案じながら帰省した晶子さんを迎えたのは、思いがけない光景だった。

「駅まで迎えにきてくれた母は清々しい顔をしていて。お茶でも飲んで帰ろうとなって、お店のテーブルで、ひどいこと書いてごめんね、と謝ったら、初めのうちは、お母さんはショックでずっとつらくて、と話していたんだけど、『あなたがそんな気持ちで何年もいたのね。ごめんなさい。何があってもあなたのお母さんだから、大丈夫よ』って」

初めて本音を伝えて、理解してもらった。短い会話だったけれど、体の奥底からホッとする感覚があったと言う。それから二人の関係性は変わった。母親の前で素直に子どもらしくいられるようになったし、常に張り詰めていたり、子どもの頃から感じていた孤独感もいつの間にかなくなっていた。

この出来事の後、晶子さんはお母さんのことを、「のぶこさん」と呼ぶことに決めた。すると「お母さん」と呼んだときに引きずる気持ちから解放されるからだ。

「これまで母子という関係の中でしかお互いを見ていなかったけれど、それを取っ払って〝晶子さんとのぶこさん〟として向き合ってみると、しょうがないなと思えることもあったし、のぶこさんも一人の人間で、親子でも絶対に入れない領域があるということも腑に落ちたんです」

30代はひたすら自分の中から噴き出すものと対峙する時間だった。それが心と体に不調として現れてくるとき、助けてくれたのが植物療法。その経験に基づいてマヒナ・ファーマシーは始まっている。

今日もサロンに立つ晶子さんに孤独の影はもうない。心と体の揺らぐこともずいぶん減った。同じ頃学んだ同業の仲間たちが体を壊してやめていく中、続けられているのは「本来の自分に近づいてきているからかな」。そのたたずまいは植物たちと同じように、役割を果たす喜びに静かに満たされている。

中山晶子
なかやま・あきこ

山口県生まれ。レコード会社勤務を経て、ハワイに伝わるボディワーク「ロミロミ」のセラピストに。2011年に新月と満月に更新するウェブマガジンとしてマヒナ・ファーマシーをスタート。2015年に東京・下北沢に実店舗をオープン。https://www.mahinapharmacy.com/index.html

「月」をテーマにさまざまなワークショップやイベントを開催している。

花をモチーフにした貝殻の小さなレイ。ドアノブにかけお守りがわりに。

中山晶子さん

「ありのままのわたしを生きる」Q&A

得意料理を教えてください。

得意料理というほどのものではないけれど、毎日作るのはお味噌汁。大好きな海藻や葉物、根菜などその季節に手に入る野菜をどさっと入れます。海藻はわかめの他にもずくやアカモクもおいしい。春になると新物の海藻がたくさん出てくるのも楽しみ。お味噌汁とご飯と納豆があったら、毎日それでいい（笑）。

心や体の不調を感じた時のメンテナンス方法を教えてください。

フラワーレメディ
手前：HEALING HERBS
奥：HAWAIAN RAINFOREST NATURALS

まず体から立て直し。一番は人に会わない、お風呂と睡眠の時間をたっぷりとる。体が楽になったら、フラワーレメディで心のバランスを取っていきます。

今のあなたを形作るのに、影響を与えた一冊とは？

『スーホの白い馬』（福音館書店）

スーホと馬の間の信頼、大事な存在を失う悲しみ、そこからエネルギーを転換していくこと。わたしが生きていく上での心の持ち方、葛藤、願いは、この物語そのまま。

最近幸せを感じた小さなエピソードは？

実家に電話をして母の声を聞くと「よかったなー」と心から思います。今は困難な状況ですが、良い意味で緊張感があるのか、セルフケアをちゃんとして機嫌よく過ごしている感じなんです。寂しがったり、具合が悪いのが当たり前のような年代なのに、そんな母の声を聞けることはギフトだなと思っています。

コロナウイルスの感染拡大が世の中を揺るがしています。その状況をどのように捉えていますか？

心配したり、思考が働きすぎて疲労する人が増えているかも。人は常に外の情報を受け取る受信機みたいなもの。今みたいなときは受信ばかりだと苦しくなるから、何か生み出すことをするのがいい。何かを作り出すことは自分のエネルギーを立ち上げることだから。

怒るのはどんな時ですか？

わたしにとって究極の“がっかり”の表れが怒り。権威的なものが純粋なものを犯したときや、思いやりややさしさが大切に扱われない場面で怒る。『スーホの白い馬』の王様がしたことですね。悲しみは水の力、それに対して怒りは火の力だから、自分なりの強いプロテクトになるんでしょうね。

ありのままのわたし　03

nalu《なる》さん

唄い手・朗読・ものかき

・魂の根っこからの声に、嘘をつかないで、みみをすませる
・わたしはこの星の、宇宙全体のひとつのピースだからなんの心配もいらない
・この世界での役割を全うして、味わい、楽しみつくして生きたい

構成・文　松本あかね　　写真　有賀傑

小さな頃から、海や川や樹と向き合うと心がほどけ、
素直になれた、とnaluさん。
「人から見たら突飛かもしれない」人生の決断も、
魂の根っこにある野性的な感覚に従ってきた。
ときには自分でも困ってしまう、
一筋縄でいかない「わたし」。
けれど「そうでしか生きられない生きもの」として受け入れたら、
人生は「案外楽しいし、いとおしいよ」と言います。

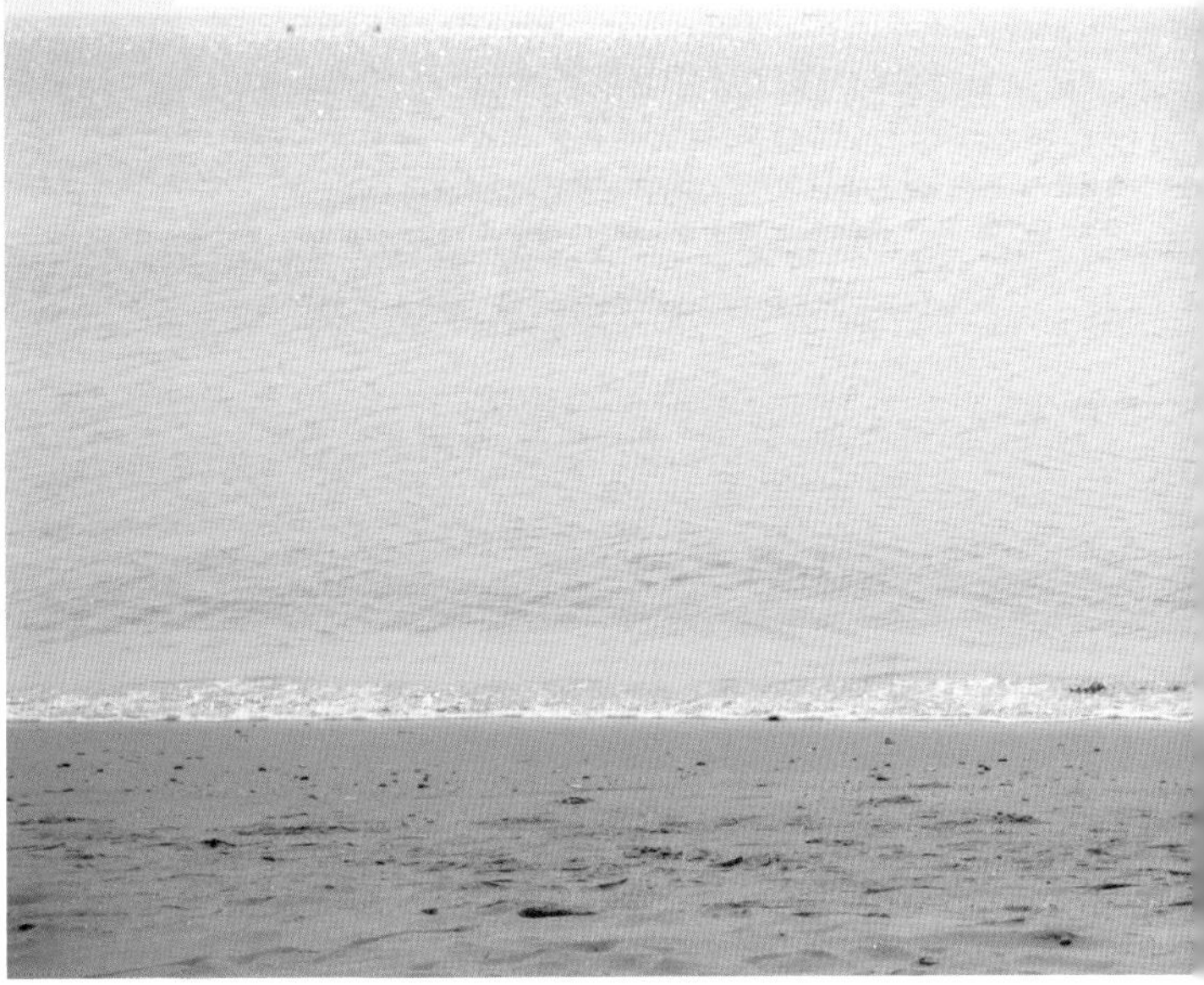

自宅から歩いて20分ほどの一色海岸。春の日差しを浴びてたゆたう海の前で、naluさんはうーんと伸びをした。

「どんな天候のときも、どんな波のときも、ここは全部よくて。表情が違うんです。色も変われば、波も違うし。毎回よくて、毎回完璧!」

小さな頃から引っ越しが多かった。だからどこの町や土地よりも、海が故郷のようだという。

「高校生のとき、四国の海辺の町に住んでいました。朝、いってきまーすと家を出て、でも時々、途中で方向を変えて、お気に入りの浜へ行っていたんです。森の中の小道を自転車で上がっていくと、てっぺんから海が見えて『あーっ!』って叫びながら、坂を下って」

そこで誰もいない浜に座って独り言みたいにしゃべったり、海を眺めたりしていた。海辺の街に暮らす今も、海へはほぼ毎日行く。波にぽかりと浮かんだり、ゴーグルもつけず、海の中の世界に我を忘れて見入ったり。夏はもちろん、秋になっても、いそいそと海へ向かう姿は、ご近所の間でちょっと有名だ。

「満月と新月の干潮時になると、あそこに見える岩場の奥まで潮が引いて、春の始まりにはわかめも拾えます。満潮になると、大潮といって、今度は浜辺を飲み

「あのとき、海に向かってただ座って、歩いて、ぶつぶつしゃべりかけていたわたしは、あるがままのわたし、だったのではないかと思う」

込むくらいダイナミックに満ちるんです」

潮が満ちたり引いたり、月が満ちたり欠けたりするのと同じように、naluさんの暮らしぶりは、まるで目に見えないリズムに揺られているよう。

「確かにリズムをつかまえられていると気持ちがいい。欲しいものがあって行動を起こせば必要なものがやってくるし、反対にどうしてもうまくいかないことは、必要ないからなんだと後々わかったりする。何か大きなものがすべてを司っている気がするから、来たものに対しては『わかりました、行きましょう』と乗っていくようにしています」

ときに怖いことも、思ったのと違う！ということもあるけれど、大抵はワクワクして変化を受け入れていく。そのしなやかな強さは、今だから手にできているもの？と尋ねると、しばし考え、「そうだよね、きっと。昔

「側から見たら突飛かもしれないことも、そうしようとしてそうなったというよりも、ただそうなるようになったからなっただけ」

はもっと幼かったと思う」

結婚していたときは、いっとき、自分のリズムがわからなくなったとnaluさんは話す。お母さんや奥さんとしての役割が求められていると思っていたし、自分とはなんなのかということを考えたこともなかった若き日の自分は、いとも簡単に自分自身を、本来のポジションを見失ってしまったと。

娘のましゅちゃんと葉山へやってきたのは10年ほど前。それからいろんな出会いや出来事があって、今は目の前でたゆたう海と同じリズムをnaluさんは身体の中に持っている。

さらさらと寄せて返す波の音の合間に、naluさんの唄が聞こえてきた。メロディの断片のようで、言葉のようで、ただ音のようでもある。ポロポロと唇から転がり落ちて、砂に混じって消えていく。小さく弾けて、波に乗って返っていく。

子守唄から始まった

唄い始めたのは30歳を過ぎてからのこと。それまで特にバンドの経験があったわけでもなく、始まりは子守唄だった。

「ましゅに唄っていたんですよね。つい夢中になると『ママ、寝れないよ』って言われるくらいになって」

『ロッタちゃんのひっこし』に登場するバムセ。右はましゅちゃんからうみくんへの誕生祝い。左はましゅちゃんのバムセ。

抑えきれないものがあふれて、人前で唄いたいと初めて口にしたのが2011年のお正月。3月の初め、震災の直前にライブをした。以来、唄うことは大切なライフワークに。naluさんの体を通して、天に昇って消えていく有機的な響きは、他のどこでも聞いたことのないものだ。

「息が整えば、スルスルッと通しているだけ。背骨が筒になって、気みたいなものが通っていって。その状態が気持ちよくて、ひらひらひらって唄が」出てくるのだという。「歌とか音楽とは違う、超個人的なものなんです」

唄の始まりとは、きっとこうだったのかもしれない。プリミティブで繊細な何か。それが生まれる瞬間に立ち会いたくて、naluさんの唄の会にはさまざまな人が訪れる。

「プライベート出産」を経て

この日、浜辺で唄うnaluさんの傍には1歳になったばかりのうみくんがいた。

「うみを授かるまでは、ましゅも立派になったし、あとは余生をくらいの気持ちだった。それがもう一仕事あったというか、まだ変化しろということなんだって腹を括らされました。わたしの人生、これで終わりじゃなかったんだって」

出産は医療者の立ち会いなしで、自宅でパートナーにサポートしてもらう方法を選んだ。きっかけは胎内記憶についての著作で知られる池川明先生との出会い。初めて「プライベート出産」という言葉を知り、お母さんと赤ちゃんの気持ち、タイミングに寄り添える方法と聞いて、好奇心がムクムクわいてきた。

「周りは心配して、助産師さんを紹介してくれたり、ありがたい声もいっぱいありました。でも最終的にスッと迷いがなくなった瞬間があって、わたし、これやらせてもらいますと思ったんです」

神奈川県・葉山町に越してきたばかりの頃の二人。ましゅちゃんは小学生。
(写真・枦木功)

しかし、これは予想を超えて過酷な経験となる。赤ちゃんは元気に生まれたものの、後産（胎盤）が出ないという事態に。

「うみもわたしも生と死のあわいの所を通過して、生きること

山小屋のような葉山の家。長女のましゅちゃんが、弟のおむつを干すお手伝い。

を選択したんだなという。生きる覚悟を問われるような経験だったけれど、わたしには必要だったのかな」

以前、naluさんは話していた。

「人生の選択において、例えばシングルマザーになることだったり、30歳過ぎて唄い始めることとか、側から見ると突飛かもしれないことも、振り返ってみると、ただ自分の感覚に正直にいることから、選んできたことだったんだなと思います」

目に見えるもの、聞こえる音、肌ざわり、それから目には見えないけれど、感じてやまない第六感的なものを大事にすること。「わたし」の魂の根っこにある野性的な感覚に、嘘をつかずみみをすますこと。

「誰に従うでもなく、自分の感覚に正直でいること。そういう力を究極に試してみたくて、プライベート出産をすることになったのかもしれません」

3日目の未明にようやく胎盤が出た。朝、目が覚めたとき、その年初めての鶯が鳴いた。「奇跡かと思いました。やっとわたしたちにも平和が訪れたし、鶯が鳴いてる。ベッドに3人並んで、あ、幸せだと思いました」

うみとnalu

新しい名前をもらったのは、うみくんの誕生から少し経った頃。「nalu」はハワイの言葉で波という意味だ。名付けてくれたのは友人のセラピスト、kaiさん。ありがとう、とお礼を言うと、「僕はあなたの魂から聞いただけ」そしてつけ加えた。「うみとnalu。あんたらコンビやで」

それを聞いて思い出した。

「うみがわたしの中に来たと思う瞬間、海が見えたんです。明るくて気持ちのいい海が」

その感覚があまりに強烈だったから、お腹にいるときから「うみ」と呼んでいたのだと。「うみと対で新しい名前が『波』だなんてなんていいんだろう！」

そして住み慣れた葉山を離れ、広い外洋に面した街へ移住すると決めた。もっと自然のそばへというかねてからの願いが、これからうみを育てていくなら、と背中を押される形になった。

「自分では選びきれないものがやってくるのは、子どもを通してなのかも。おもしろいけど、びっくりするけど！一人じゃここに来られなかった。うみが勇気を持ってきてくれたから」

だって、相当の勇気がないとわたしの所には来られないと思うから、と達観したみたいな表情で言う。きらきらと日差しを跳ね返す海を背に、波という名のその人は透き通った光の中にいる。

「わたしは宇宙全体のひとつのピースなのだと思う。一かけらのピースの、この世で果たすべき役割を全うして、味わって、楽しみつくして生きられたらいいな。そうできたら最高」

友人に譲った木馬が里帰り。リビングもすっかりにぎやかに。

nalu
なる

北海道生まれ。the yetisのヴォーカルを経て、現在は唄、朗読、祝詞など声を通した表現活動を行う。ライブのほか声を用いたワークも。2020年初夏、神奈川県葉山町より拠点を移し、四国在住。作品にCD『わたしのアルプス』。

naluさん

「ありのままのわたしを生きる」Q&A

得意料理を教えてください。

料理は得意ではないけれど、好きなのは、ざっと炒めるとか、焼く、蒸す、生のまんまに塩や醤油、オイル、柑橘をふっただけの野菜。それから鍋で炊く玄米、分づき米のご飯。あとは、高知へ来てから、パンを焼くようになりました。麹でおこした酵母で驚くくらいに簡単に作れて、しみじみおいしい。

心や体の不調を感じた時のメンテナンス方法を教えてください。

浜辺を素足で歩いたり、水に触れたり。玄米カイロで身体のあちこちを温めながら早寝。声を響かせて浴びる。「どうしたらいい?」と声に出して天に問う。

今のあなたを形作るのに、影響を与えた一冊とは?

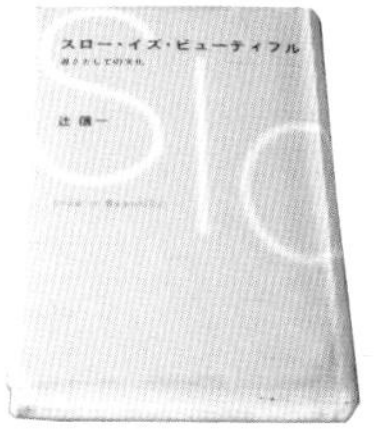

「スローイズビューティフル」辻信一著。20代で結婚していたときに読んだ。自分だけかと思っていた感覚を「これでいいんだ」と救われ、光が差したようだった。

最近幸せを感じた小さなエピソードは?

嬉しそうに本を読みふける娘(18歳)の横顔を見たとき。飛んでいく綿毛、降ってくる花びらに目を見開く息子(1歳)の顔を見たとき。風が吹き、庭の木が揺れ踊るのを見たとき。そこには透明な、美しい静寂がある。世界が光る気に満ちる瞬間に触れるとき、あふれる幸福、命の祝福の中にいます。

コロナウイルスの感染拡大が世の中を揺るがしています。その状況をどのように捉えていますか?

これまでの価値観、常識、体制を根本からひっくり返すために起こっていることなのかなと感じる。ときに残酷に見えることさえ、すべては愛からやってきていると思うので、不安や恐れから離れて、よりよい方へ素直に変化し、流れ、選択していけたらいいなと思う。

怒るのはどんな時ですか?

正直でなく、保身のために嘘をつくずるさに触れたとき。めちゃくちゃ頭にきて、めちゃくちゃ怒る。正直に言ってくれたらそれだけでいいのに、と。でも、それはとても悲しいからで、だから「めちゃくちゃ」でなく、静かにそう伝えられる冷静さと客観性が欲しい。

ありのままのわたし　04

太田明日香さん

編集者、ライター

・叩き込まれた価値観は、自分で作り替えたらいい
・押し付けられた常識に惑わされない
・自分のことは自分で決めていい
・自分を観察して深掘りして、欲求に向き合う

構成・文　江角悠子　　写真　石川奈都子

知らない間にフタしてしまっている。
フタしたことにも気がつかない。
そんな違和感や、押さえ込んでしまった欲求、
これが自分だ、と思っていたものを観察して見つめ直す。
「書いて深掘りして、本心に気づくことが進歩」

奈良郊外にある閑静な住宅街。木々のグリーンに青空がよく映える公園を横切り、マンションから歩いていける近所のお寺へ向かう。「この辺りは、元々山だったところを切り開いているため、緑がいっぱいなんです」境内に足を踏み入れると、中はまるで小さな森のよう。深呼吸をして森の空気を味わい、いっそうゆっくりとしたペースで歩く。

2018年にエッセイ集『愛と家事』を発表した太田明日香さん。本には、淡路島での子ども時代の話や、母親とのやりとりと苦悩、一度めの結婚の失敗、挫折からの回復など、太田さんの身に起こった出来事と、その時々の気持ちが丹念に、そして赤裸々に綴られている。

家族とはこうあるべきだという世間の常識、意図しない役割と重圧。そんな、これまで社会から植えつけられてきた価値観から脱却したい。新しい、自分なりの家族の形を作りたい。太田さんが綴った心の叫びは、そのまんま、わたしの心の叫びだった。本を読みながら、「あ、これはわたしだ」と思った。

太田さんがエッセイを書いたのは、再婚して夫の仕事の都合でカナダに住んでいた頃。

「わたしは子ども時代に反抗期がなくて、離婚したあと30歳くらいのときに反抗期が来たんですよね（笑）。反抗することで自我が目覚めるっていうじゃないですか。本を書いたのは、ちょうどそんな反抗期が終わりかけた35歳くらいのときでした」

過去のしんどかったこと、うまく言葉にできなかった思いを書きすすめるうちに、ある思いに気がつく。

「子どもの頃は、仕事で忙しい分わたしに構いすぎる母が重くて、そばにいるのがしんどかった。もしかしてわたしはずっと母親の価値観に押さえつけられて、自分がやりたいことも自覚せず進学して、結婚したのかなって」と同時に、カナダと日本、親と遠く離れたことで、「家族との関係とか、生まれ育った環境が、はたして自分の人生すべてに影響するのかな」と疑問を抱くようにもなる。

「例えばわたしは、大学入学後、ずっとモヤモヤしていた時期が

ノンフィクションや恋愛小説、哲学などさまざまなジャンルが並ぶ本棚。

寺への道中に広がる田んぼ。「1人でしたり夫も。散歩は結構しています」

あったんです。せっかく入学できたのに、一生懸命になれない、なぜか夢中になれない。大人になってある日ふと『ほんとはわたし、東京の早稲田大学で学びたかったんだ』って気がついたんです。でも進学先を迷っていたとき、母に『東京に行くんか』と泣きそうな声で聞かれて『ああ、東京はだめなんだ』と思って。自信がないことも言い訳にして無意識に本音にフタをしてしまったんです」

　その後、自分の中にあった〝本当の思い〟に気がついたとき、「なんでわたしは自分の意志で行動できなかったんだろう。母のせいだと責める気持ちにもなったし、本心と向き合うことから逃げた自分を突きつけられたようでつらくて、本音になんか、気づきたくなかったとも思いました」それでも、と太田さんは続ける。

「若い頃はうまくいかないことを親や環境のせいにしていたけど、突き詰めて考えると、思考や行動って、ただの習慣や反射的な反応だったりするのかもしれないからとらわれる必要ないなぁって。遅めの反抗期を経て、自立して。わたしは今、親とか学校から叩き込まれた価値観をいったん壊して、作り替えている最中かもしれません」

立ち止まり、問いを立てる

　コロナ禍で外にもなかなか出られなかった時期。太田さんは気持ちが沈み、しんどくなって、何度か専門家のカウンセリングを受けている。

「なんかイライラして、ある朝それを夫にぶつけてしまったんです。そしたらケンカになってしまって。しんどいなら、近所のお寺で心理相談やってるみたいやでって教えてもらいました。以来、臨床心理士の資格を持ったお坊さんに時々話を聞いてもらっています」

　それが冒頭の近所にあるお寺だ。

「コロナでしんどいときは、女性センターの無料相談やいのちの電話とか、いろいろ電話しました(笑)。電話したら、すごくよくて。相談するには、自分のことをいろいろ話さなければなりません。そのために、なぜわたしはモヤモヤしているんだろう、何がひっかかっているんだろうって、自分の中で立ち止まって、気持ちを整理するようになりました」

　ふだんは流してしまうような小さな不満にも、いちいちなぜ？と問いを立てる。これが思考を整理するよい機会になったのだと言う。

「以前、別の専門家に相談したときは、『とにかく今しんどいんです。人生も迷ってて』という話をしたら、『あなたの人生だし、あなたが決めたらいいんじゃないですか』とポンッて言ってもらったことがあったんです。そのとき『そっか、自分で決めていいんや』とすごく腑に落ちました」

　自分のことは自分で決める。そんなシンプルに思えることが、今の世の中、意外と難しいのかもしれない。

「わたしたち夫婦には今、子どもがいないのですが、ちょっと前までは、自分が子どもを産まないことを、とても悪いことのように捉えていたんです。世間

は少子化が問題になっているのに、産まないのは申し訳ないって。でもそうした社会の問題と、わたしが産むか産まないかという問題はまた別ものだと考えるようになりました。今までの常識だったり価値観で、産まないことを勝手に悪いことのように思っていたけど、そんなことを思う必要なんて、ない。迷っているなら、迷っている状態をそのまま受け入れる。『申し訳ない』なんて、世間に思わされていただけなんですよね。自分が本当に子どもを産みたいと思ったら産めばいいんだって気づけたら、気持ちがすごく楽になりました」

　もしかしたら、自分の気持ちと思っていたものが、社会の常識にとらわれていただけなのかもしれない。そう気づけたことが進歩。淡々とした口調。とても静かだけれど、その言葉からは力強い意志と明るさを感じる。

　「子どもの頃に持っていたはずの疑問を思い出す作業を今、改めてしているような感覚でいます。まだ何にも染められていない、まっさらな感覚を思い出すような」

気持ちを否定しない

　何冊もの書籍を編集し、「愛と家事」は国内のみならず韓国でも出版されている。すでに文筆家として活躍をしている太田さんだが、今だに文筆家を名乗ることに躊躇すると言う。

　「でも最近は、肩書きより『文章を書いて生計を立てたいので頑張っています』と素直に言えばいいかなと思うようになりました。自分が心から望む欲求だったら、その気持ちを否定しないで聞く。そして、ちゃんと自分に向き合って答えていくことが、ありのままの自分を生きることに繋がる気がしています。遠回りだったけど、今それなりに書く仕事ができてるんだから、今から、この上に何を積み上げるかを考えたらいいやんって（笑）」

　「社会的なこうあるべき」に縛られて、自分の本心が分からない人も多いだろう。見失いがちな自分の気持ちに、太田さんは書くことで向き合ってきた。

　「カウンセリングを受ける以外に日記を書くことが自分にとってちょうどいい方法だと思っています。今はnoteというサービスを使ってその時々の心の動きを記しているのですが、書くためには自分をよく観察しないといけないんですよね。観察して深掘りすることで、ようやく本音が見えてくるような気がしています。モヤモヤした思いを、こんな思ったらダメとか、社会ってこんなもんやからって切り捨てたり、放っておいたりしないこと。エッセイやインタビュー原稿とはまた違う、自分のためだけに書くことも大事にしていきたいですね」

ベランダの家庭菜園コーナー。「毎日何かしら変化があって楽しいです」

太田明日香
おおた・あすか

1982年兵庫県淡路島生まれ。フリーランス編集者、ライター。いくつかの出版社を経て、2011年に独立。著書に「愛と家事」（創元社、2018年）。2015年～2017年までバンクーバーに在住。帰国後、書籍を中心に関西で仕事をする。

太田明日香さん

「ありのままのわたしを生きる」Q&A

得意料理を教えてください。

唐揚げ。カナダに住んでいた際、日本食が食べたくてもお店で買うと高いし、味もちょっと違うなと思って、自分で作るようになったのがきっかけ。

心や体の不調を感じた時のメンテナンス方法を教えてください。

知り合いに身体を診てもらって、体の調整をしてもらう。緊張すると無意識に肩が上がるようで、そういう状態が続くと頭が痛くなったり、肩が凝ったりといった症状が出てくる。診てもらうことで、姿勢や立ち方、歩き方など調整してメンテナンスしてもらう感じ。身体が整うと症状も消え、体が楽になります。

今のあなたを形作るのに、影響を与えた一冊とは？

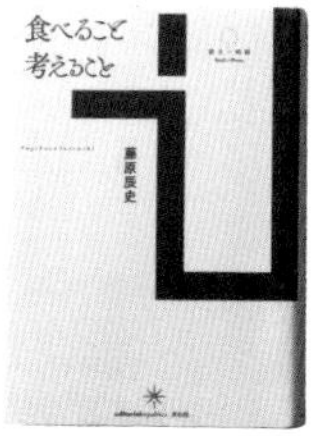

農業史研究をする京都大学教授・藤原辰史さんによる、食にまつわるエッセイ『食べること考えること』です。本での気づきが本を書くきっかけとなった。

最近幸せを感じた小さなエピソードは？

ふだんそんなに買い物をしない夫が、コンビニでチョコミントアイスを買ってきてくれたこと。それまで、チョコミントはあまり食べたことがなかったのですが、食べてみたら「意外においしいな」って思って。夫が買ってきてくれたアイスで、ちょっと世界が広がった感じがしてうれしかった。

コロナウイルスの感染拡大が世の中を揺るがしています。その状況をどのように捉えていますか？

ライターに必要なのは、どんどん外へ出ていって知らないことを知り、世界を広げることだと思っていた。でも、すでに持っているものや自分がやってきたことを見直すと、新たな発見もあって。今あるものにも目を向け、見つめ直していけたらいいなと思う。

怒るのはどんな時ですか？

自分が不当に扱われたと感じたとき、不公平に感じたとき。ガミガミ言う人や、人をコントロールしようとする人も苦手。でも、あんまり上手に怒れない。我慢するか、思いっきりワーワー言っちゃうか。怒りをぶつけるだけじゃなく、丁寧に気持ちを伝えられる人になりたい。

・生まれたなら、いろんな気持ちを味わって生きたい。
・世界はものすごく守られている。
・生まれたてのあかちゃんのようなところをずっと大切にしている。

ありのままのわたし　05

灰方るりさん

美術家

都心の高層マンションの白い空間には光がさし、小鳥の声と階下であそぶ子どもたちの声が届く。美術家・灰方るりさんはこの部屋で日々、絵と向き合っている。

「絵を描いているときが、ほんとうにしあわせ」

物心ついたときから、絵を描いてきた。

「毎朝、新聞の折り込みチラシで裏が白いものを集めては、『きょうはこれだけ絵が描ける』と思うような子どもでした」

絵と想像の世界にあそんだ少女時代。14歳になった頃、編集者の父が連れていってくれたのは、アジア美術に造詣の深い日本画家のところだった。

「描いた絵を持っていくと、『へたくそ、真面目に描いてみろ』と言われました。それから、その方のそばで日本画を学びはじめました」

その後、京都の美術大学で日本画を学び、22歳で上京。画材店や画廊のアルバイト、ときには自宅アパートの一室で子ども向けの絵画教室をしながら、小さくこつこつと描いていた。「絵で食べていく」と決めたのは、書店で働いていた30歳の頃だった。

「美術古書店で働いていたとき、そこを訪れる画家や作家、詩人、料理家の方々を間近に見るうちに、自分も創作だけをして生きようという思いが決まっていきました」

でも、一人暮らしの東京で、絵だけで食べていくのは、たやすくはなかったという。

「『今月の家賃はどうしよう』と思うときもありました。ただ、不思議と不安はなかったです」

心の支えになっていたのは、子どもの頃にあそんだ京都の山だった。

「山には、いろいろな神様が点々と祀られていました。御神

京都の神体山と戯れ、
絵の世界にあそぶ少女は、
このままずっと、絵を描いていくことにした。
魂を燃やしながら描き、生きることは、
たまらなくたのしい。

花を押し花にして、作品に用いることも。生花が変化していく様にもうつくしさがある。

木があったり、鹿が歩いていたり、蓮の花が咲いていたり。山自体が神様のおうちだから、そこにある石や木や虫も全てが神様。子どもの頃は、いつも山のみんなと話していて、お友だちだらけでした」

その山は、いまも灰方さんのなかにあり続けている。

「離れていてもずっと、山の神様とつながっている。いつも守られているという感覚があって、ひとりぼっちを感じたことはないんです」

ただ、大人になってから、そうした感覚を恥ずかしく思い、否定しようとしたこともあった。

「そうすると、いろいろなことがしんどくなりました。でも、無理をやめたら、山の神様はまたすぐに戻ってきてくれた。いまは、山とか街とかは関係なく、神様はそこらじゅうにいると気づきました」

都会に吹く風も光も建物もまた、神様。幼い頃と変わらず、友だちのように話しかける。

魂を燃やしたい

はじめて灰方さんの絵を見たのは、3年前のこと。きらめくような黄色の背景に、金色の星をまとった子どもの姿が描かれている。その愛らしいようすに、心がぱあっと照らされた。展覧会会場にいた灰方さんは、作品に描かれた、神秘的なクマリ*の少女にどことなく似ている。手渡された名刺は中央に、ただ「美術家　灰方るり」とだけ活版で印刷されていた。何か決意のようなものを感じたと告げると、当の本人は「それほど強気ではないんです」とふわっと笑った。

「わたしは京都で古典的な日本画の技術を叩き込まれています。でも、自分の絵が古典的かというと、違う方向に向きました。だから、日本画家とは名乗れないという気がして、美術家としました。それにわたしは、はじめから日本画の枠からはみ出ているような気がしています」

絵の世界に入るための儀式のように、暮らしにアーユルヴェーダやヨガを取り入れて、心身を整える。

「あがいているんです。どうやったら、大好きな絵の世界にもっと入れるのかって」

とくに個展前は食事を減らして集中力を高めていく。

「一度、絵の世界に入ると、獲物にくらいついておいしいものを食べているような感覚になるんです。なりふり構わず描いていると、たのしくて、口の中いっぱいによだれがじわーっとあふれてくるような感じ。失敗してやり直しになったとしても、にやりとしてしまう。そんなふうに、夢中になって魂を燃やして生きていたいです」

描く姿は、ときにストイックで変わっていると言われることもある。

「たしかに、わたしは変なのかもしれません。でも、やりたいことを夢中でしたら、ふつうにできないし、ふつうにしたいわけでもないから」と微笑むと、こう続けた。

「いまはこれで上出来。へたなりによく描いてきたねって思います」

麻紙《まし》を水貼りして、墨を磨り、岩絵具に膠を溶かす作業は、線を引く前の瞑想のよう。

誰かのために生きたい

東京郊外で、一人暮らしをしながら、絵を描いていた4年前。灰方さんは、ふと立ち止まることがあったという。

「その頃、20年一緒にいた猫が亡くなりました。わたしにとってはおかあさんのような存在の子でした。病気になって、目の離せない状態が3～4ヶ月続いてから、亡くなって。そうしたら生活が変わり、心も体も全て

岩絵具を重ねたマスキングを剥がすと、天使が生まれた。

自分のためだけに使えるようになりました」

自分のために食事をつくり、掃除をする……繰り返していくうち、そんな生活に限界を感じた。そして、「誰かのために生きたい」という思いがじわっとわいてきた。

「相手はいなかったのに、結婚しようと思ったんです。ひとりなら絵は描けるけれど、それだけでは、絵自体もつまらなくなると感じていました」

思い通りにできる、一人暮らしを手放す。

「パートナーがいて、けんかをしたり、悩んだり、笑ったりする……そうやって、人とともに過ごすのがたのしい気がしました。生まれたなら、いろんな気持ちを味わって生きたい、そう思うんです」

わたしが濃くなっていく

「世界はものすごく守られている」。幼い頃から、自分をとりまく全てに、不思議な感覚をおぼえてきた。

「わたしの視界に映るもの全ては、自分の意識が創りだしたと思っています。たとえば、ここにあるテーブルは買ったものだけれど、自分のイメージが創り出したもの。父も母も山の神様さえも、自意識が生み出したもの」

最近、かかりつけのアーユルヴェーダの医師から、こんな話を聞いた。

「インドの神話に出てくる、プルシャという存在は、人間が生きるようすを上から見ているのだそうです。

わたしは幼い頃から、何か大きな存在に見守られているような強い感覚がありました。わたしが充分に生きるほど、その大きな存在がおもしろがっている。だから、何かつらい思いをしたとしても、どこか安心していられるんです」

結婚をしようと思ってすぐに現在の夫と出会い、2020年のはじめには、都心のマンションで新しい暮らしがはじまった。

「結婚して、より自分が濃くなるというか、わたしらしくなったと感じています。夫は絵を描くわたしを好きでいてくれて、尊重してくれる。わたしはとうとう自分の絵の世界に深く入っていくことを許された。そのことのありがたさを日々、感じています」

やわらかいところに触れたい

結婚後も、絵に対する姿勢は変わらない。

「絵を描くのは、神様に頼るというか、描かせてもらうという感覚です。『こうしてやる』と狙って描くとつまらない絵になってしまう。エゴを抑えて、透明な気持ちになったときに絵がおもしろくなると感じています。だから、なるべくリラックスして心を研ぎ澄ませ、いつも手を動かすようにしています」

ベランダで育てているいちじくやハーブ。

絵が観る人の純粋なところに触れてくれたら、と思う。

「大人になってからもずっと、自分のなかにある幼い純粋なところを大切にしたいと思ってき

ました。それはやわらかくてきれいでふにゃふにゃした、生まれたてのあかちゃんのようなところ」

多くの人は、大人になると、経験を重ねて、社会性を身につけて頑丈になっていく。

「でも、作品を観ることで、その人のやわらかいところが反応して、少しでもほっとしたり、明るい気持ちになってくれるといいなと思います」

これから、どんな絵を描いていきたいのか、たずねると……。

「描くほどに、命や死についていろいろな気づきがあるんです。人が何かひとつのことに尽くしたときに、どの人にも同じような気づきがあるように思います。

それなりに年齢を重ねてきましたが、作家としての自分はまだまだ若い。『こうしたい』という作為はあります。でも、それを無理に抑えようとはせず、気がすむまで描く。そうして夢中で目の前のことをやっていると、おもしろくなる。これからも、もっと。そんな予感がするんです」

＊ネパールのカトマンズ地方には、幼い少女を生き神「クマリ」として崇める伝統が残る。

灰方るり
はいかた・るり

美術家 京都府生まれ。14歳から日本画を学ぶ。旅をしたイギリス・インド・ネパール、日本の文化や自然からインスパイアされて、人や植物や形のないものを描いている。東京都在住。

チベットのクマリに会って描いた絵「Isah」。

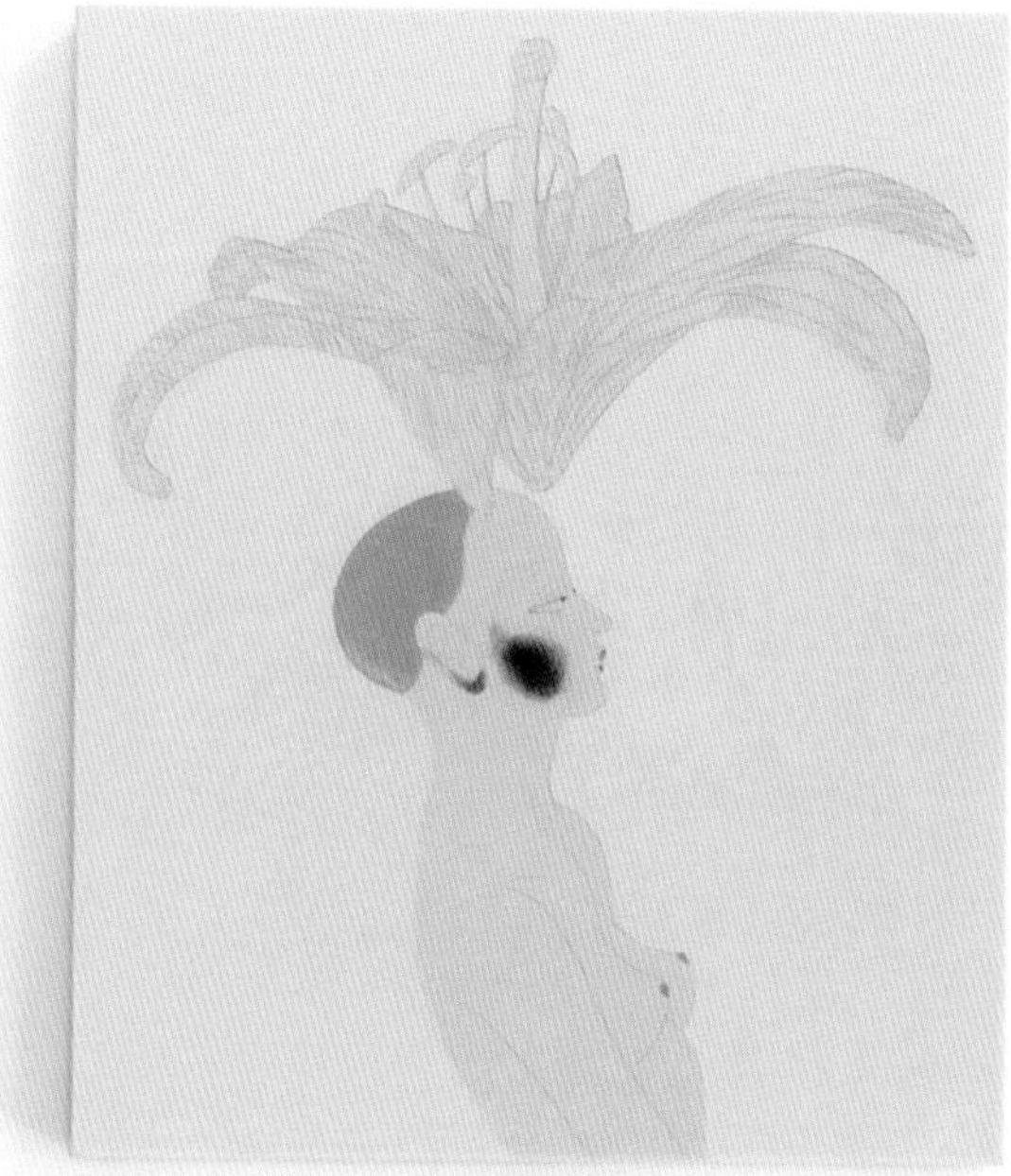

しあわせで卒倒する少女、「Punya」。

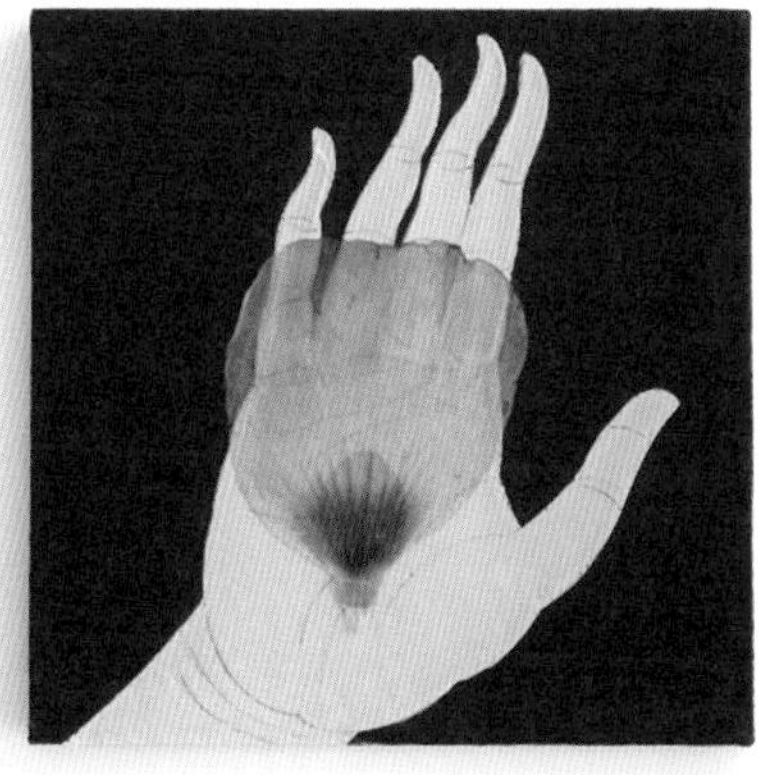

葵の花びらをもつ絵は「Veda
(聖典)」となづけられた。

ほほ笑む「Shankara（吉兆をもたらす子）」。

灰方るりさん

「ありのままのわたしを生きる」Q & A

得意料理を教えてください。

玄米ご飯と御御御つけです。

心や体の不調を感じた時のメンテナンス方法を教えてください。

深呼吸とお白湯をのんびりすすります。結婚したときに夫と購入した銅の薬缶は、お白湯をつくるのに大変重宝しています。

今のあなたを形作るのに、影響を与えた一冊とは？

17歳の頃、父に貰ったインド美術の本は大切な一冊です。

最近幸せを感じた小さなエピソードは？

好きな人といっしょにいれること。

コロナウイルスの感染拡大が世の中を揺るがしています。その状況をどのように捉えていますか？

芸術は、いつも人に寄り添いながら寿を増やしていくものだと思っています。はつらつと充分に生きて、ずっと絵を描いていこうと、確かな心で捉えています。

怒るのはどんな時ですか？

だいたい機嫌が良いです。

・子どもたちから、こうなりたいと思えるようなひとになる

・どんな困難があっても諦めない。なぜなら明確な夢を持っているから

・自分のところに来てくれた 子どもたちの心を、なにより大切にする

ありのままのわたし　06

靏久《つるひさ》由利子さん

アーティスティックスイミング
指導者

我が人生、シンクロ一色。
どんな苦難や妨害があっても、
母になっても辞めないし諦めない。
子どもの喜びと笑顔を見るために。
「後悔は何ひとつない。
自分のやりたいように
思う道をずっとやってきてるから」

全部が好きになった シンクロナイズドスイミング

競泳選手としてがんばっていた小学校高学年のときにシンクロ（２０１８年よりアーティスティックスイミングに名称変更）に出会って、なんて素敵な泳ぎなんだと感動した。先輩たちも素敵で全部が好きになって。それからシンクロ選手として全国大会でチーム優勝したりもしたけど、大学生のときにいろいろ思うこともあって、続けられない状況になったわけ。そんなときに、コーチのお手伝いとして小学生を教えるようになったんやけど、教えるなかでまたシンクロが大好きな気持ちが芽生えてきた。

子どもは素直やから、自分が曖昧なこと言ったら曖昧になるし、きちんと示すことができたらそのようになる。そこがすごくおもしろいし無責任なこともできない。自分が真剣に向き合ってがんばれば子どもたちもついてくるし結果もでて強くなっていく。教え子が表彰台に上がったときの嬉しさや感動、子どもたちの笑顔が忘れられなくて、今もずっとやっているのかな。

半端じゃない気持ち

大学を卒業して親と揉めて、一度家から放り出されたんやけど、それも転機になってるかな。就職もせず、シンクロのコーチをするといっても、もらえるお金は微々たるもの。それでどうやって生きていくの？と。がんばったとしても生きてはいけないシンクロの世界に親は猛反対。就職もせずシンクロのコーチをやるというのなら、一人で生きてみなさいと言われて、わたしも意地があるから六畳一間のワンルームを借りて一人暮らしを始めてん。蛇口をひねれば水が出て、部屋も暖かい。それが当たり前の生活を送ってきたわけやけど、当たり前じゃなかったとすぐ気がついて。シンクロはできるからすごいハッピーだったけど、スポーツクラブで始めたバイトも試合と合宿で抜けるから続けられなくて、家賃を払ったら終わり。お金がないからみるみる痩せて、そんな生活を始めて1年ぐらい経ったときに親がやってきて。部屋は、マーガリンしか入ってない冷蔵庫に家から持って出た布団一組、シンクロの音楽編集に必要なステレオだけしかない部屋。お金がないから、体重も10キロほど痩せてる。それを見て涙ぐみ「もう帰ってくるか？」となって。私ももうクタクタやったから、親も許してはなかったけど見るに見かねて。親のありがたみもわかったし、親もわたしが半端じゃない気持ちというのはわかったみたい。

唯一の後悔

そうやって20代前半、ガリガリになっても命懸けでやってた日々のなかで、年齢別の全国大会で、自分の選手が全制覇して優勝。しかも中学生の部はソロの1位、2位、3位、全部わたしの選手。そうやって全国大会全年齢制覇したときに、当時の委員長からジュニア日本代表のコーチに抜擢されて。シンクロは、1軍のAチーム、その下に2軍のBチーム、高校生の代表ジュニアチームがあるんやけど、そこから代表コーチを15年ぐらいやったのかな。

その間のこと、２００２年に父の末期がんが見つかって、２００３年の世界ジュニアの大会の合宿最終日に危篤になった。東京から飛んで帰って最期には会えたけど、わたしが唯一後悔しているのは、自分の親のお葬式に出ずに世界選手権に行ったこと。そんなの次の飛行機を取り直してもらえばよかったのに、そんな発想さえ持てないぐらいに余裕がなくて。自分はヘッドコーチの責任があると思っていたから、お葬式の朝にお別れして泣きながら関空に向かったけど、そのことだけは今でも後悔してる。それ以外は後悔、何ひとつない。自分のやりたいように自分の思う道をずっとやってきてるから。

女性、子持ちに理解のない世界で

結婚し、その後ナショナルBチームを担当することになって、井村雅代先生が中国に渡った後、２００４年からＡチームのコーチになったから年中合宿。月に３日ぐらいしか家に帰れへんから、結婚したのに全然いないみたいな状態で。妊娠中も、シンクロ界は女性や子持ちに全く理解のない世界やから、遠征に行くときも「腹のでかい女が、世界の戦いの場に立つなんてふさわしくない」とかひどいこと言われたり、めちゃくちゃ冷たかった。

だから子どもを産んだら、もうゆっくり子育てに専念しようと思っていたのが、あるきっかけから完全に復帰することになってしまって。

計盛光《かずもりひかる》って、シンクロの選手から今競艇選手になった子がいるんやけど、その当時伸び悩んでるから一回見に来てほしいとボスから声がかかってん。まだ子どもが生後３ヶ月やったから、車で２時間も赤ちゃんを揺らしていいの？と思いながらも一回見るだけならと。そうしたら、その子がすごい一生懸命なのに、担当コーチからは怒られてばかりいるのを見てほっとけなくなってしまって、なんか行きだしたんやな。でも赤ちゃん連れやから、その光のお母さんや当時の選手たちのお母さま方総出で赤ちゃんの面倒を見てくれて。それで光を日本代表にして、２０１２年にジュニアの世界選手権のソロでメダルがとれるまでになってん。

家族にしたら、オリンピック終わってゆっくり子育てしてくれると思っていたら、また世界選手権に行くってなんやねん！みたいな話で。家族も２００８年の北京オリンピックまでは応援してくれてたと思う。オリンピック終わって出産して、子どもを産んでまでそんなふうに復帰するなんて思ってもみなかったと。わたし自身も想定外やったから。

身も心もしんどすぎて毎日泣いていた日々

月に一、二回、東京と大阪を子ども連れで、夜中車で行ったり来たりの生活が始まった。月の半分大阪に戻ってクラブの選手の指導しながら、代表選手の合宿に合わせて東京に。東京では家族もクラブの親もいないから子どもを一時保育に預けて、一日１万円以上の出費があるわけ。日当２０００円やのに。

光も成功させたいし、日本代表として必要とされているならなんとか乗り越えたいと必死で両立してた。また世界で戦うために寝る間を惜しんで研究もし尽くした。でもしんどすぎて、毎日泣いてた。

自分の子どもにもつらい思いをさせて、２週間の遠征に行く朝、寒い冬に泣きながら裸足で追いかけてきてた。どうしても乳母がいないときは、おばあちゃんを東京まで連れて行ったり、光のお母さんにも一緒に来てもらったり。家に選手の親も泊めて、もうめちゃくちゃ。

そんな思いまでして必死にやっても、子持ちで代表コーチをやるなんて前代未聞やから、周囲はものすごく冷たかった。代表合宿も、３週間の合宿やったら３週間べったり張り付けって、合宿の場所に子どもを入れられないのにできるわけないやん。

そんな女性に対して閉鎖的で、まだ理解のない世界。あっちにもこっちにも心がしんどすぎやったけど、「シンクロ辞めてしっかり家庭に入ります」なんて迷いは微塵もなかった。家庭がだめになるからセーブする、みたいな発想がないねん。迷う余地なし。終わってるやろ（笑）。

ただ、このままだと家庭が壊れるとは思って、胸騒ぎはしてた。幼稚園の行事に、パパが来てくれたら嬉しいやん。その一心で、パパにはいてほしいと思ってたけど、やっぱり心がしんどすぎて。だましだましきてたけど、心は離れていったな。

わたしは続けているだけ

ある日、長年在籍してきたクラブから解雇され、命懸けで自分の全てを捧げてがんばってきたのに、あまりにも納得のできないことが起きた。

もう自分にはなんの受け皿もない。なのに、当時担当していた選手たちがわたしと一緒にクラブを出てきてしまって、その選手たちの思いを見捨てられるはずもなく、また活動できる場所を探しはじめた。それで、あるスイミングスクールでシンクロ教えてみたらと声をかけていただいて、そこから、あっという間に子どもたちも集まって気力も出てきたけど、生活していけるほどの手当てはもらえない。このままでは生活すらしていけないし、子どもなど到底育てられない。当時のスクールのオーナーと話し合いをしたら、もうどちらにもメリットがないから、独立したらと。

それで自分のクラブを立ち上げて、あれから2年。今は選手も育ってきて素晴らしいご縁にも恵まれ、毎日ものすごく充実してる。

かつてのクラブを出て新たなクラブでスタートしたとき、大阪中のプールを貸さないと言われたり干されたり練習場所を奪われたりもしたけど、わたし辞めないやん。そんなことされても諦めないし自分の大好きなシンクロへの夢は色褪せない。何をされてもめげないから、わたし多分、頭おかしいと思われてるねん(笑)。

さらにわたし自身も、いろんな意味でライバルがいないと思っているから。どんな困難も乗り越えられるかどうかは全て自分次第。いくら先輩でも、ひとの足引っ張ったり蹴落とすことばっかりやってるようなひと、尊敬できないし。それよりもがんばろうとしている若い子たちを絶対助けてやりたいし、その子らがこうなりたいと思えるようなひとにならないといけないと思ってる。そうなることこそが、この競技の本当の意味での普及にもなると思うし。

今まで大きな選択を迫られたときや節目に、あんまり悩んでないし後悔も全然してない。子どものパパを失っちゃったのは、わたしの責任やから責任は感じたけど。でも、こっちを選択してよかったと思えるぐらい、がんばらないとしようがないから。

わが人生一点の曇りなし！一切の後悔なし！

よし、まだまだがんばるぞ！

靏久由利子
つるひさ・ゆりこ

YTアーティスティックスイミングクラブ代表。指導歴25年。 クラブでの選手育成のみならずオリンピックや世界選手権などの国際大会においても数々のメダルを獲得。現在クラブでの選手育成強化を主に行いながら日本オリンピック委員会強化スタッフ、日本水泳連盟AS強化スタッフとしても活動。小学５年生の男子の母。47歳。

・子どもに生き直させてもらっている
・土とつながれていない満たされなさが、買い物で社会とつながろうとしている原動力
・自分の中でこういうことだと噛み砕き、小さい選択ひとつひとつを大事にする

ありのままのわたし　07

土井彩

栄養士

子育ては、
もう一度自分の人生を生き直す機会。
大きなテーマは子育てと仕事。
こんな社会だったらという思いを
常にもちつつ、
わたしらしい形で
社会と関わる形を試行錯誤しながら。

もう一度生き直させてもらっている

「ありのままのわたし」というテーマで考えたときに、1つは子育てかな。長男が、去年学校に行けなくなって高校を中退してね。学校に行きたいけど、からだが動かない状況がとにかくつらそうで。小さい頃からこだわりがすごく強い人だから、わたしとぶつかり合いながら育ってきたのだけど、そのつらい様子を見て、自分の子ども時代のことを思い出して。わたしもこだわりが強く、意外と打ち解けられなかったり、あまりそう思

われないんだけど、そんな生きづらさは、わたしも通ってきた道なんだよね。それは自分自身の闇として閉じ込めてきた部分にもう一度向き合うことでもあって。今学校から離れて明るさを取り戻しつつある彼を見ていて、自分の思春期をもう一度生き直させてもらっている感覚。そして、少し自分も理解できるようになってきた。

だから自分には足りなかったこと、例えば、周りに話せる大人がいるとか親と相談できるとか、そんな環境をつくってあげたいなと思ってる。

――生きづらさを感じてきた?

わたしは両親も離婚しているし、わりと自分の生い立ちを恨んでて、それをその時々、うまくいかないことの言い訳にしてきたところがあるんだよね。でも今、子どもにしたら身勝手だけど、人生をもう一回やらせてもらっている。自分にとっての育ちの恨みが癒される過程だったりするのかもね。

子どもとの暮らしは、思うようにはいかないことも多いけれど、子育てのつらさも人生の喜びだと思えるようになってきたと、夫婦で話している。夫婦の話の中心は子どもそれぞれの話にはなるんだけれど、一生懸命伝えようとしてみたり、相手からは全然不満な答えが返ってきたりもするわけ。だけど、子育ての話をすることでいろいろ深めているのかもしれないよね。

一度、旦那さんにね、わたしがいつも怒っているから、あんまり話をする気がしないって言われたことがあったの。それはもう、わたしにとっては死の宣告。二度とそんなこと言わせないと思ったな。うちは父親も亡くなっているし、母とはほとんど行き来がなくて。彼女が死ぬまでには、なんとか折り合いをつけたいとは思っているけどね。

だから、わたしには今の家族しかないと思っているから、話をしたくないなんて言われたら、ちょっと生きてられないなあ。

食べものを買ってでしか暮らせない不甲斐なさ

ずっと中野の狭い家に住んでいるからか、無性に土とつながりたい気持ちがあって、山歩きしたり埼玉の援農に行ったり。

自分で食べものを作り出せなくて、お金で買ってでしか暮らせない不甲斐なさというのかな。土を耕して自分の食べるものを作ることって、本能的に生きていく上ですごく大事なことだと思うのに、自分は土とつながれていないという。そういう何か満たされなさが原動力なのかもしれない。食べることについて、頭でっかちにいろいろと考えちゃうんだよね。

何を食べ、何を買うかは社会に対しての意思表明

自分で食べるものを生み出せないわたしは、自分が何を食べ何を買うかでしか、環境や社会への態度を表明できない。だから食べるものや方法を選ぶことが、わたしなりに地球とつながっていく方法だと思って、有機の野菜を買ったり、魚をさばいてみたり、ペットボトルは買わないとか、ほぼ全ての食事を材料から作ったりしちゃう。

それで、食べることが大事という思いがいよいよ募り、思いたって栄養士に。なってみて、当たり前だけど多くの人は、こんなに食べることに偏った子育てはしていないんだよね。おまけに、勤務先の学校は都心にあって、生産現場とすごく離れているから、食べものが生み出されている自然の気配が全く感じられない。食べる力=生きる力と思うんだけど、そもそも、で

きあがった料理でしか食べものに触れていないと、命をいただくとか自然に生かされている感覚って、育っていきようがないと思う。せめて、目の前にある食べものを大事にしてほしいな。

世の中に軽んじられている仕事を歯がゆく思う

もう一つ、仕事をどうするかというのはずっとわたしの中で課題としてあって。日常の生活にかまけ過ぎて、もっとこういう世の中ならという思いはあるのに、そんな社会に対する働きかけや仕事を全くしてないという、自分に対する不満はある。

栄養士の学校に行ってみたり結構もがいて、食育に関わりたいと今の仕事に就いたけれど、栄養士の仕事だけでは、社会に対する気持ちとか表現しきれないところもあって。今はその方法が給食しかないから、まだまだ探し中です。

仕事ってがんばりと収入のバランスが取れないとやっぱり満足はできなくて、非常勤の栄養士って本当に待遇の悪い仕事でね。仕事の内容としては大事な仕事だと思っているけれど。食や介護の仕事、命にまつわる仕事は、今まで女性の仕事だったからか、世の中的には軽んじられていることを歯がゆく思っている。なんとかしたい。

―― 生活クラブ生協の活動もしてたよね

数年、生活クラブ生協の運動団体で働いていて、社会に対する主婦の問題意識からできたような生協だから、食べもの以外にも政治や金融とか、いろいろやっているのね。

働いていたところは、枠組みとしては貸金業だったんだけど、銀行に預けている自分のお金がどんなふうに使われているかって、預金者にはコントロールできないじゃない。原発反対！と言ってみても、自分の預金が電力会社に融資されて銀行は利益を得ていたり、「自分の思いとは裏腹に、自分のお金は違う動きをしているよ」というのが問題意識の発端で。

一方NPOとかは銀行から融資を受けられずに資金繰りに困っている人たちも多いから、その両者をつなげようという活動をしているところだったの。

生活クラブ生協の社会運動は、意義ある活動だし続いていってほしいけど、世代交代は課題。元気が良かった立ち上げ当時の主婦たちも高齢化しているし、社会を変えたいという熱量や運動性みたいなのが次の世代につながっていけばいいけど、どうしたらつないでいけるんだろうね。

わたしは、やっぱり収入もないと困るから続けられず離れたけど、勉強させてもらいました。

小さい選択のひとつひとつを大事にしていく

周りの環境や子どもたちのありのままを、一生懸命受け止めようとしている、必死に。たくさんしてきた選択が、最良だったかなんてわからないけど、自分の中で「これはこういうことなんだ」と噛み砕いて、自分に納得させつついくしかないなあと。

小さい選択のひとつひとつを大事にしていくことが、わたしらしく生きているということなのかな。わたしのためにも、そう言ってあげたいな。

土井彩
どい・あや

法学部を卒業後、地方公務員を経て25歳で結婚、退職。5年前に専門学校で資格取得し栄養士になる。現在、都内の公立小学校で栄養士として勤務。趣味は山歩き。中野区の超狭小住宅に同い年の夫と浪人中の19歳長男、17歳長女、13歳次男の5人で住む。46歳。

〈エッセイ〉

耳をすませば

日登美

人生を振り返ってみると、一つ一つの重要な、あるいはありきたりな日々という点の連続のよう。それはどんな道であれ、その人の中のどこか真ん中から紡ぎだされているのだとそう思う。

私は今ベルリンにいる。すでに成人を迎えた娘は日本にいるので、ドイツ人の夫と5人の子どもと暮らしている。こんなふうに、ドイツで暮らすことなど想像もしなかったのだけど、確かに私はここに流れ着き、毎日を送っている。外国で暮らすようになって7年以上が過ぎた。その間に子どもが2人増え、異文化で外国人として暮らし、異国語を話し、異国人に囲まれ、私の人生は水槽の水を少しずつ入れ替えるように変容し、海流が混じり合いながら再び海へ続いていくように世界を広げてきた。結婚二回目と同時に子どもが生まれ子育ても第二ラウンドに入り、文化も言語も違う国での暮らしはまるで新しく始まった誰か別人の人生のようでもある。

ある日、冬の夜道を一人バス停まで歩いていた。周りには子どももいない、夫もいない、日本語も聞こえない。夜のベルリンは暗く寒く、その時私の人生を形作ってきた要素はそこに一つもなかった。「私はなぜここにいるのだろう？一体何をしているのだろう？」そんな疑問が頭をよぎった。けれど次の瞬間不思議と満ち足りた気持ちがしていた。

思い返せば私の人生は「なぜ？」と問いたくなることばかりだ。モデルをしながら21歳大学在学中に妊娠出産結婚。シュタイナー教育、マクロビオティック、ヨガを学び、山奥に暮らし、結婚9年で離婚をした。4人の子連れでドイツ人と再婚し、ブラジルに移住、2人の子どもを自宅出産し、今はドイツで40過ぎにしてモデルの仕事を再開することになった。

人は目的をもって行動するというけれど、私は逆なように感じている。行動をしたその先に目的が現れるという方が私にはしっくりくる。どこへ行くかは決めても、それでどうなるかは決めない。結果を手放した先に私の命が流れて行く場所が自然と現れるのだと思う。なるようになり、ならないようにはならない、そこの部分に私が入り込むつもりがない。いつしかそんなふうに生きるようになった。

これでいいのか？という疑惑や、もっと楽な人生があるのでは？という誘惑、誰かのまねができたら楽なのにな、と思ったこともある。こうなればいいなぁという期待もしたし、なぜこんなことをしている

日登美
ひとみ
10代よりモデルとして活躍し、その後、自身の子育てから学んだシュタイナー教育、マクロビオティック、ヨガなどを取り入れた暮らしの書籍を多数出版。2013年に再婚し、ブラジル在住を経てドイツに移住。現在、ベルリンを中心にモデルとして活動する傍ら、今春より台所から子育てと食を提案するサイト「Mitte」を開始予定。3男3女6児の母。

のか?という疑問にはすぐに答えられないことがほとんどだった。だけどわからないことだらけなのに、こんなに確かなものはないという感覚が、想像もしなかった「今、ここ」に私を繋げている。説明できないことがどこにも結びつかないわけじゃなく、逆に説明できることが私をどこかに連れていってくれるわけでもなかった。

私らしい生き方、それは私の頭が想像できることを超えた私の命が見せてくれる景色だと思う。

これらの不思議な道のりの全てに共通することがあるとしたら、現実と常識に命を委ねない、ということかもしれない。目の前の現実は時に私たちをただ圧倒し動けなくする。常識は時に人生に制限をかける。だけど自分の中の何かが「YES」といったその声だけは私の命を自由にしてくれる。私の人生はこの大きな、小さな「YES」を紡いでできあがった今、なのだ。これでいいと思えるその声は、私のどこか奥の方から聞こえるのに、そこはもう私を超えた場所なように感じる。小さな私が大きな何かの一部の中にある。何か大きなものに繋がっていて私の声であって私の声ではないということの感じ。

花無心にして蝶招き、蝶無心にして花訪ぬ。花開く時蝶来たり、蝶来たる時花開く。吾もまた人を知らず、人もまた吾を知らず。知らずして帝即に従う。(良寛)

この知らず、知らず、という命のあり方。けれど帝則に従うという命の営み。それを自分の中にも信じられる。

世界はこんなにもはっきりと姿を見せているのに、不確かだなと思うことがある。物や情報や可能性は十分にあるのに、私を満たし行く先を教えてくれるわけではない。見えるものにフォーカスして返って見失うことがあるように、どこかに向かわなければと思って進んでもどこにもたどり着けないこともある。自分の心もそんなふうに現実と思考を前に揺らいだり、立ち止まったりすることがある。そんな時は外からの印象を手放す。ある感覚を閉じるとある感覚が開く。そして私にしか見えない場所に集中する。目を閉じて耳をすませる。そこに個性的な命の道筋を見つける糸先がある。そして必ず「YES」と囁く私がいる。命は行き先を知っていると信じられたなら、人生は軽やかに歩き出す。

「いまの自分が一番新しい」

と整体・
川崎智子さんと一緒に
耳をすます、
からだの話。

整体の祖と言われる野口整体を基礎として、指導活動をされている「と整体」の川崎智子さん。3月11日、新型コロナウイルスの影響で世の中が大きく揺れ動く中、東京・高尾にある川崎さんのお宅を訪ねました。日々暮らしていく中で自分の中に生まれてくる変化や、問い、不安に感じること。三人で対話をしながら、からだの声にひとつひとつ、耳を傾けていきました。

構成・文・イラスト ― 鶴崎いづみ

川崎智子——不調をきっかけに出会った野口整体によりからだの全感覚が一致した自覚が生まれ、自由になる。気を独学。2005年より整体活動開始。整体指導者として「と整体」を主宰。著書に『整体覚書 道順』(土曜社刊)。

鶴崎いづみ——「観察と編集」として主に出版をおこなう試みをしている。2017年、川崎との三年分の対話をまとめた『整体対話読本 ある』を刊行。再編集版が現在、土曜社より発売中。

藤田ゆみ——「わたし自身のものさしをみつける」をテーマに活動する、くらすこと主宰。『くらすことの本』編集長。著書に『子どもと一緒にスローに暮らす おかあさんの本』(アノニマ・スタジオ刊)。2男3女、5人の母。

「ありのままのわたし」

鶴崎 藤田さんから最初に「ありのままのわたし」っていうテーマをお聞きして、ありのままのわたしってなんだろうっていうのが、まず難しいなと思って。どういう思いで言われているのかなぁと。

藤田 わたし、子どもが5人いるんですけど、出産と授乳をずっと繰り返してきて、その間にくらすことの活動と、子育て、ほぼそれしかやってこなかったんですよね。で、去年、ちょっと知ってる人と、初めて会う方と、呑む機会があって。お酒も全然呑んでなかったんですよね。すごい呑んで、どうでもいいくだらない話したり、楽しかったんです。で、そういうことが立て続けに2回くらいあったんですけど、あ、昔のわたしはこういうの好きだったって急に思い出して。そしたらいままで夫と、仕事も家事も子育ても、協力しながら必死でやってたんですけど、そうすると全部ニコイチで動くっていうか、出掛けるにしてもいつも一緒とか、急にそれがなんかこう、なんでいつも一緒じゃなきゃいけないんだとか(笑)。

川崎 (笑)。

藤田 急に思ったんですよね。嫌いとかじゃないんですけど、なにかの役割をずっとやってたらそれが自分になってしまうみたいな話もあるじゃないですか。あ、わたしってなんなのかなって、そう思ったというのが、ひとつです。

川崎 あの、女性が感じる感覚って、内側から感じることが多いと思うんですよね。男性は外側からだと思うんです。女性のからだを持つと、感受性として内側からものを感じる。内側から生まれてくる感覚っていうのは本当にこう、しっくりくる。それをできるだけ言葉にして頂きたいんですけど、感情的になって、なかなか言葉にならないことが多いんですよね。いまお話されたみたいに、知らない人と会うっていうのはとっても刺激になることなので、新しいことをやってみたっていうことを自分が考えてる以上にからだが感じると、そういう部分がこう、ふうっと思い出される

きっかけになる。思い出された記憶が次の方向づけをちょっと示してるみたいなところがあって。生活に追われてると、自分主体じゃなくなることにさえ気がつかないっていうのはあると思うんですけど、やりたいことみんなやってるんですよ、だけどやらされてるっていつの間にか感じちゃったりするので。なんでニコイチでっていう（笑）、あの、ニコイチだからなんとかやってこれたってことにたぶん、ちょっと変化が起きたのかもしれない。

藤田　そうですね……。

川崎　これはパートナーっていわれる人なのか、夫婦っていわれる人なのかっていうこの、変化があるんですよね。

「夫婦とパートナー」

藤田　夫婦とパートナーは、違うんですか？

川崎　違うんです。家族関係って、わたしが最近思っているのは、時差があって一緒にいるけども、それも偶然じゃないかなって感じてます。そう考えてもらうと、夫婦やろうっていうもんでもないっていうか（笑）。それがこう、変わってきて、パートナーになってもいいんじゃないかな。この人誰みたいに（笑）本能的に女性が感じる感覚はすごく大事ですね、何かが変わったってことだから。そのあたりをどれだけ正直に話をしても、相手が聞いてくれるかが今後、夫婦っていうことなのかパートナーとしてやっていくことなのかの違いだと思うんですけど。

鶴崎　夫婦とパートナーって、どう違うんですか？

川崎　だいぶ違いますねー。夫婦っていうのはものすごく古い。もう何千年も夫婦がいっぱいいてね、お互いに耐えながら（笑）構成してきた。つまり二人で物事をおこなうっていうのは、ものすごく大変なことなんですよね。自分と同じようにやってほしいっていう欲求が強く出るんですよ。だから役割っていうのが入ってくると、もう耐えられなくなってくる。

　ここからはちょっと整体（※1）の見方が入ってきますけど、整体では結婚式に出たとしても、おめでとうと言わない（笑）。3年とか5年くらい経って、ようやくそれぞれに生き生きした感じが出てきてから、おめでとうと声をかける。結婚直後はまだ夫婦ではないっていう見方ですね。パートナーはまた違って、お互いに役割を交換したりできるような間柄だと思うし、これはどちらかというと約束です。だからなんだろうってそこに疑問を持ち始めたら、それまでの価値観がちょっと変わってきたんだなーっていうふうに捉えていただくといいんじゃないですかね。そのこと自体に不安がありますか？

藤田　なにかこう、関係性が少し変わるかもしれない。けどそれは相手が望んでいるのかなと思うと、大変そうだからやるかなー、みたいな。

川﨑　そうすると二人でやっていくことは、ものすごく体力を使うことだ、それをいままで頑張ってやってこれた相手だと思っていただくといいし、頑張ってやっていくものなんですよね、夫婦って（笑）。だから50年連れ添ってるなんていう夫婦の方を見ていくと、ある部分もう、自分のからだとして使ってない。相手のために使うことに徹底してるから、自分とか相手っていう意識がなくなってくるもので、それをお互いに受け入れちゃうんですよね。それでいいと思うんです。それは整体では経過っていう言い方で統一されてますね。10年、20年経つと夫婦はこうなる。

藤田　へえ〜。

川﨑　30年経つとこうなる、40年目ならこんな感じでしょう、なじむってことですね。いっくら喧嘩をしててもなじんでるものが夫婦の中に感じられれば続くと。我々は健康か不健康かでしか見ません。それがご自分にとって不健康ですか？って、そんなふうに聞く以外になにもお話することがないんでね。逆に、相手を壊そうとする夫婦もありますね。病気の大半は、家族の場合は一緒にいる人がものすごく大きいです。間柄で発生するようなものもあるので、いや離れましょうよっていう場合は、そういうときですよね。

「一人である」

川﨑　だから夫婦でいると適応が進むとして（笑）、受け入れなければ一人を選ぶのか、一人であるっていうこと。それは夫婦でいようが一人暮らししようが一人じゃない人は一人じゃないし、その元になってるのは自立の問題だから。自分ていうものに向き合うかどうかが自立だと思っているので、大体はみんな、見ないようにすることが多い。だけどちょっと取り組むと、色々とやることがたくさん出てくる。どうにも逃れられないのが自分なんだから、それに付き合っていくことに、すこし時間を使っていくことですね。それが忙しくしてると、そういう時

間ていうのはなかなか意識しない限りはとれないと思い込んでるっていうことなんで。そのためには本気で困ること（笑）、ほんと、これしかないんですよね。

藤田　はあ〜そうですね（笑）。

川崎　いまそうですねっておっしゃったのは、たぶん本気で困ったことといっぱいあったと思うんです。で、そのときにちゃんとやれてるんですよ、みんな。だから子育てしてるお母さんにお伝えするのは、もうほとんどやれてるから、それ以上頑張ることからすこし抜け出る生活でも平気であるっていうことですね。それに気づいてもらいたいなあ。自信持ってくださいねってお伝えすると、まあそれが当然ですからみたいにこう、抑えちゃうんですけど、いやあそれはもっとバンバンあの（笑）、自信満々に生きていってほしいし、生きること自体は別に役割を持つことではないので。そこの中でその、ありのままがわからないっていうことだから（笑）。

鶴崎　わたしは普段子どもがいるような環境にいないんですけど、でもわたしもいろんな経験してる中で、あ、自分はこれは好きだったなあとか思い出すことが多くて、なにか、大人になってから改めて自分を自由にしていく過程が、みんなにあるような気がして。

川崎　あの、自立がそういう働きなんだから、家族と生活してても自立は進んでいくんですね。だから藤田さんは気づいちゃったんだからさ。

藤田　うん。

川崎　内側から出てきたんだから、それをただやればいいってことですね。ある日それに気がついて、本当に当たり前のことなんですけどね、赤ちゃんが立ち上がって、歩けるようになりますよね。てことは立つようにならないとできないことがあるわけで、それをやろうとしてやるとやれるようになって、いまがあるんですよ。年々、後ろを見る人は多いです、あの時よかったなあっていう見方ね。そういうのはからだでいうと成立してないってことです。常に新しいのが自分で、いま生まれた

感覚はその年齢になったから生まれてきてる感覚だから。

藤田　最先端（笑）。

川﨑　そう、いまの自分が一番新しいんです。そのことにみんな気がついてない。そしたらこの新しい自分から生まれた感覚を、どうしてあげようか、ですよね。

藤田　そうですね〜。

「友達を変えていかなきゃいけない」

川﨑　一方でそれは、世間的にどうかしらっていうのがあると思います。だから友達を変えていかなきゃいけないっていうのが事実ですね。友達は年々新しい友達ができていくものです。

藤田　年とってからも友達って、できていくんですかね？

川﨑　ええ（笑）。ここがほんとに結婚しておうちの中に入ってしまうと、友達がもう、わかんなくなる方が多くて、お母さん友達だと思ってたりしてね。もっとここ大きく広げると、人類友達だっていうところにいくんです。これは育つもので、一人の人がちょっとこう、自分っていうものがわかりやすくなれば、他の人からどう見られるかって、あまり気にならなくなる。そういうところからなぜか、友達ってできあがってくる。だから一番初めは、まず自分が自分ていう友達をつくっていく。そしたらこれも面白いですけど、自分が変わると本当に、全然違う人がやってくる。友達はつくるものじゃなくて、やはり自分が変わると出会っていくものだから、もしそういう出会いがないなあと思ったら、自分が変わりたくないだけだから。

鶴崎　自分が変わって、昔の友達と合わなくなったときに、どうしたもんかなあって。

川﨑　それは、もう過去と感じたところから友達ではないんです。前のあなたはそんなこと言う人じゃなかった！って言われたとしたら、いやそれは新しいからだ（笑）。嫌われたくない人がほとんどだからさ、でも、嫌いだとか好きだとかは、わたしの問題じゃないですから（笑）。だから、そんな人だと思わなかったなんていうのは、そうですかって（笑）言うことであって、本当にその人と仲良くなりたかったら、相手の話を聞こうかなあからだよね。どうですか？

藤田　震災のあと福岡に移住して、ぜんぜん誰も知らないところに来て、友達をつくりたいっていう気も全くなく。そしたら近所には誰も友達がいないことにはたと去年気づいて、急に、友達ほしいなと思ったんです。

川崎　ほんと、お子さん生まれてからそういう状態になる人も多いし、あとご主人の転勤なんかでそういう状態が起きちゃう。お母さんたちに子どもさんのことで困ったらまず誰に相談しますか?って聞いたことがあって、そしたら、すぐ出てくるのがまあ、ママ友か自分のお母さんなんですよ。最初に相談するのはご主人じゃないの?って言ったら、ああ~って言ったのね(笑)。自分が心配な時に、まず夫に話をするっていうところが友達だと思うんです。ただまあニコイチになってるくらいにやりとりができてるところは、また違うものを求めてると思うんです、お互いに。

藤田　うーん、うちの場合はなんでも夫に相談する感じなので、それが去年、自分ってなんだったと考えたときに、夫以外で友達がほしいって感じて(笑)。

「閉経っていう役割」

川崎　ここは成長の話だと思うんですよ。人間が人類友達っていうふうになるのは社会的な生き物で、誰かの役に立つことがすごく嬉しいって感じるようにできてるんですよね。これが一人じゃないっていうことだと思います。一人じゃないっていう感覚は、年々からだとしては求めるものが出てくる。どうしてかって言ったら骨盤がもう開いてくるから(笑)。

藤田　ふ~ん。

川崎　骨盤が緩んでくると、なんでもかんでもわーっと受け入れたくなっちゃうし、それが心地いいんです。これは成長ということになるから、大人になった自覚だと思っていただくとよくて、だから、更年期っていう言い方をしますけど、閉経っていう役割だと思います。これがとっても大事。閉経すると一切そういう煩わしい生理的な感覚が女性からふっとなくなって、じゃあなにやってるかっていったら、せっせせっせと人の分のご飯つくって配っちゃったりしちゃうわけ。だけどそれが本来の人間なんです。子育てよりもうちょっと時間をかけてやっていく、遊ぶことなんです。本気で遊びましょうって言ってます。本気で遊ぶって、ずうっと死ぬまでやれることだから。遊んでないんじゃないですか?(笑)

藤田 うん、遊んでないですね。

川崎 だから、ほんとね、日本人全体の話だと思います。今日も大変なことが起こった日です。だけど、このびっくりするっていうことが、その人の行動力を引き出すんですね。結果、お引越しなさったんでしょ？

藤田 ただ子どもを守りたかっただけで、移住したいとかではなくて。

川崎 だからそれが本気で困るっていうことです。そのときやっちゃった行為って、なんだったんだろうなんですよ。

藤田 ほんとにそれは（笑）。

川崎 （笑）だけど、合ってるんですそれで。ちゃんとからだを健康に保つためにそれをやってる。その時こうしちゃったってことで人間、生きてる。

「怖がってもいい」

藤田 でもやっぱりあの時はその選択しかなかった。3月11日からこう、当たり前と思ってたことが当たり前じゃなくなったり、子どもがまだ小さかったんで、ほんとに恐怖だった。それでいまも、コロナウイルスでみんなが不安で、自分もそれに飲み込まれて怖い怖いとなってたときに、川崎さんからメール頂いて、あ、なんか飲み込まれてたと気づいて（笑）。

川崎 （笑）大事な点は、怖がってもいいんだよって、まず言ってもらうことだと思うんですよね。自分で抑制して、いやあ、怖いけど怖くないとかってね、嘘をつくっていう言い方しちゃいますけど。

鶴崎 ありのままに怖がってる人を邪魔しないってことですよね。

川崎 そうそう、怖がってる人に怖がらないでと言わない。不安だねって言ってあげる方がいいですね、それは事実だから。状態のことをただ伝えるだけだけど、あそこに山があるねって言うだけで人間落ち着くんですよ（笑）。ああここにいるのかって思うわけね、自分が。

鶴崎 うーん。

川崎 「ままよ」っていう言葉があるんですよ。その状況のまんまを受け入れようよってこう、励ますような言葉でね、これが前向きでいいなと思うので。あの、不安になるっていうのは、その前にまず不安があるっていうふうに捉えていて、それは生殖器が過敏に反応すると怖くなる。中年以降になると性がどんどん不足していく、つまり生命力が衰えてるのを本能的に感じる中にこの、怖い怖いっていうのがあるんです。それは漠然としたものなんですよね。生命って、わかんないじゃないですか。あと目に見えないじゃないですか。目に見えないものを怖がるなんてことは、ほんとは必要がないことで、このこと自体がもう、頭の中の想像力で、からだの行動を抑えてしまうような年齢に起きていて、だから怖がってる人たちはみんな、中年以降だと思ってもらうといいです。10代20代の人の顔を見てみてください。みんな怖がってないと思います。それを乗り越えるくらいに休みだ楽しいとか（笑）、そっちでからだがもう生き生きしちゃうわけです。で、両方とも大事な感覚です。どっちかがどっちかを批判したり、抑制する必要がないことです。楽しかったねーとか、そうやってる間に1日が過ぎちゃうのがその年齢で、素晴らしいことです。できればわたしたちもそうある方が自然ですね。そうすると怖がる時もはっきり怖がるようになるし、生理機能だと思ってるから、しっかり怖がれば終わる。不安もしっかり見つめていくと、必ず終わっちゃうんです。つまり不安がってる人は、ほっとしたかったってことです。それがこの機会に、うわって出てる（笑）。みんな休みたかった人たちなわけです。

鶴崎　ふんふん。

川崎　働き過ぎて。あなたの不安がこうさせてるんですよって行動を促されてるわけ。それが結果的には次の自分のからだをつくっている。

「からだは先のことをちょっとわかってる」

川崎　こうやって今日も、今日という日が来ます。わたしは3月11日、自宅にいて、活元運動（※2）をしてました。ていうのはその40日ぐらい前から右の肋骨がこう、ぎゅうっと縮んで痛くて痛くて動けなくて、それがよくわからなかった。だけどその日、午後2時にそうなったときに、まず自分が死ぬかどうかが確認できる方法がありますから、みぞおちに手を当てて、ちょっとでも硬いと死の方向に行く。だけど触れてなにもなければ、1日は生きてる。整体はほんとに野性的なもので、昨日今日明日、3日間でやっていけるよっていうからだです。ああ、明日は生きてるな。ちょっとほっとしたから活元運動やって、ちょっと落ち着いてから、あれ、そういえば右の肋骨が痛いのがとれてるなあ。だから、からだ

はもう40日ぐらい前から地震が来ることはわかるんですね。

藤田　ふ〜ん。

川﨑　まあみなさんそうですね、低気圧が来たら頭痛いとか、何百キロ先のこともみんな知ってる。からだはたぶん、この先のことをちょっとわかってるはずです。いま不安ですか？

藤田　いまは不安じゃないです。基本的にあんまり不安にはなんないかもです。その時その時でやっていけるような気がするから。

川﨑　この、ような気がするが一番やっぱり（笑）安心していいことだと思います。自分の中に、そういうようなものがあるってことかなあと。その時その時に物事がただ動いてるだけで、正しいも間違ってるもないし、いいも悪いもないんで。ありのままにすこし、お伝えできたでしょうか？

藤田　はい、ありがとうございました。

※1　野口整体のこと。野口晴哉により提唱された整体法で、活元運動、愉気法、体癖論から構成される。
※2　からだの気を圧縮して、からだ自らの動きを表に出す体操。

もっとからだの話を読みたい方は
こちらもどうぞ

『整体対話読本　ある』
川﨑智子・鶴崎いづみ著
土曜社刊　1，850円

川﨑が鶴崎に呼びかけて始まった、3年間の対話の記録。野口整体の方法をとおして人間の心身と社会を捉えなおし、世界の奥行きと元気になるヒントを模索する。

コネクション・プラクティス

直感とつながる、人とつながる

直感やひらめきが訪れるのは特別な人だけと思っていませんか？相手と、そして自分自身とつながるメソッド「コネクション・プラクティス」では、それは誰もが必要なときに手にして、活用することができるものと考えられています。では、そのような生き方はどうすればできるようになるのでしょうか？コネクション・プラクティスのトレーナーであるきくちゆみさんと森田玄さんにお話を聞きました。

構成・文　松本あかね
絵　岡本果倫
写真　森本菜穂子

〝直感〟とつながる人生に向かって

「純金の王冠に混ぜ物がされてないか、王冠を壊すことなく調べよ」という難問の答えをアルキメデスが湯船の中でひらめいたように、天の啓示のごとく直感が訪れる。そんな才能があったらと願ったことはありませんか?たいていの人はそんなことが起きるのは天才だけに違いないと諦めているのかもしれません。

アメリカ人のリタ・マリー・ジョンソン氏が開発し、日本でも学びの輪が広がっているコネクション・プラクティスは、こうしたひらめきや直感を味方にするスキルを伝えるメソッド。直訳すると「つながりの練習」というように、このメソッドの要は「つながること」にあります。

現代のわたしたちは自然や伝統的な世界観、地域的なコミュニティーなど、祖先たちが何世代にもわたってアイデンティティーの拠り所としてきたものとは切り離されて生活しています。それが高じて今やすっかり家族や友人はおろか、自分自身とつながる術さえわからなくなっている。もしも常に満たされず、どこか不安定な感覚があるのだとしたら、それはわたしたちに「つながり」が欠けているせいかもしれません。

リタ・マリーと〝PEACE ARMY〟

日本人で初めてトレーナーになったきくちゆみさんと森田玄さんが、リタ・マリーの活動を知ったのは、平和運動を通じてのことでした。

「2006年にカナダで行われた第二回平和省地球会議でリタ・マリーと出会いました。当時の彼女は、コネクション・プラクティス(※当時の呼称は「BePEACE Practice」)を使って〝ピースアーミー〟を作ると言っていました。一人一人が自分のハートの中に平和を作って、自分の内側とつながり、そして周りともつながっていくのだと。すごいことを言う人がいるなと思いました」

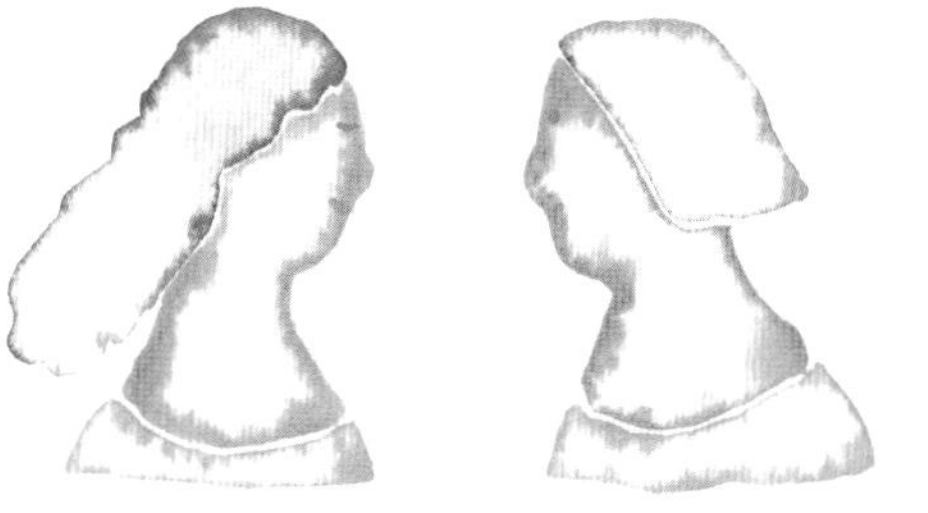

彼女との出会いによって、お二人の生き方は大きく変わったと言います。

「以前は拳を突き上げて『非暴力で平和のために闘うぞ』とやっていました。でもそれってちょっと矛盾していますよね?」とゆみさん。肉体的に暴力は振るわないとしても、立場や考え方の異なる相手を批判する、こちらの主張が正しいとアピールすることははたして平和的と言えるだろうか?その小さな違和感にリタ・マリーが唱える〝BePEACE〟という言葉が響いたのでしょうか。

「今は心の中から平和を作って立ち上がるんだ、と思っています。そうしたら拳は振り上げないけれど、全身に大地からの力が漲っている感じのありように変わりました。そう、すごく変わった(笑)」

「ハートとつながる」

コネクション・プラクティスのスキルは大きく分けて2つ。1つ目の「クイック・コヒーランス・テクニック」はシンプルだけどとてもパワフル。呼吸法とイメージを組み合わせて、心と体の本来の状態を取り戻すテクニックです。このテクニックには3つのプロセスがあります。

・ハートフォーカス
（心臓に意識を集中する）
・ハート呼吸
（心臓から息をするように深く呼吸する）
・ハートフィーリング
（心臓をポジティブな感情、感謝で満たす）

このプロセスの主なねらいは、呼吸によって心拍数を整えること。そして自分にとって幸せで感謝にあふれたポジティブなイメージを追体験すること。その段階を経て、自分自身を「コヒーランス」の状態へと導きます。

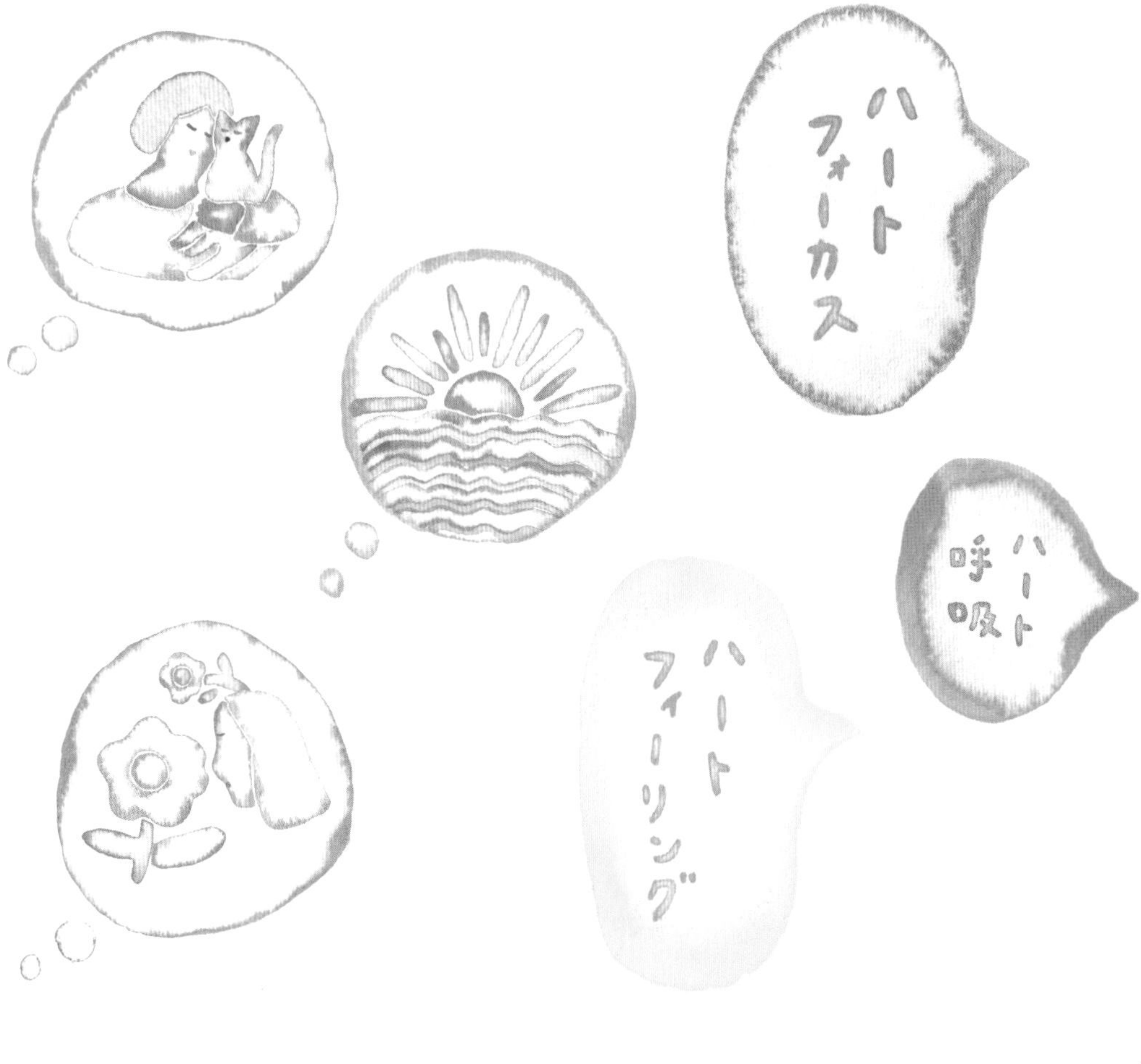

〝いざ、「コヒーランス」体験〟

「まず、皆でやってみましょう。この場がコヒーランスになるように」とゆみさん。百聞は一見に如かずのことわざに倣い、皆でやってみることに。

「感謝があふれて、ハートがにっこりした感じになったら、目を開けてください。いいですか?」すると……「温泉の中にいるみたい」、「目を開けたとき、視界が明るく光ってた」、「落ち着いて、平和な気持ち」といった声が。

人によって異なりますが、体がポカポカと温かくなったり、視界がクリアに見えたり、気分が穏やかになるといった心身の状態を、コネクション・プラクティスでは「コヒーランス」と呼んでいます。

コヒーランス状態になると、自律神経のバランスが取れ、脳機能がスムーズに働くことがさまざまな場面で実証されています。アメリカでは、高校で学力テストの結果が良くなったり、アスリートのパフォーマンスが向上するなどの事例が報告されているそうです。

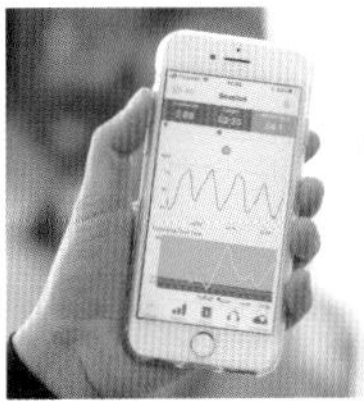

インナーバランス

心拍変動を計測し、コヒーランス度を示すアプリ。
http://www.nadia.co.jp
で購入可。

「コヒーランス」とは?

「コヒーランス」とは体の各器官が調和して効率よく働き、自律神経が整った状態を指します。そのための鍵を握っているのが心臓です。

じつは心臓本来のリズムは、地球の磁場を流れる波長と同じ。もともと生物の心臓のリズムは地球のリズムと共鳴しています。それがネガティブな感情やストレスによって呼吸が浅くなり、心拍数が乱れるとそのシンクロは失われてしまうのです。

「呼吸は心拍数に影響しますから、逆の考え方をすれば呼吸を整えると心拍数が整うのです」(玄さん)

クイック・コヒーランス・テクニックには、心臓のもともと持っていたリズムに立ち返り、地球とのつながりを取り戻す効果があるのです。

「子どもたちは大人よりコヒーランス状態。動物もそう。心臓を持つ生き物は生まれてから死ぬまでコヒーランスの状態が当たり前なのです」

「直感とつながる」

コヒーランスになるだけでもこうした良い面がありますが、目下の困った問題に対して、あるいはもっと前向きなインスピレーション（「今日一日を幸せに過ごすためには何を知ればいいですか？」というような）が欲しいときは「洞察」のステップに進みます。それがどんなものか、リタが以前コスタリカで運営していた小学校でのエピソードを紹介しましょう。

6歳のガブリエルは問題児。クラスメートを叩く行為がおさまらないので、困った先生はガブリエルに「洞察」してもらうことにしました。彼をコヒーランスに導いた後、「あなたが何を知る必要があるか、ハートに尋ねてごらん」と促すと、ガブリエルは叫びました。「ハートは僕が十分寝ていないと言っているよ！」

どうやら毎晩遅くまでベッドの中で漫画を読んでいるせいで、一日中ムシャクシャしていることが問題の原因だったよう。睡眠を十分にとるようになると暴力はパタリと止んだそうです。

1— 僕の問題

先生はガブリエルに自分自身が抱える問題を絵に描くようにと伝えた。これは弟や妹を殴ろうとしている自分を母親が引き止めているところ。

2— 僕が感謝するもの

次に先生はクイック・コヒーランス・テクニックによってガブリエルをコヒーランス状態に導いた。それから彼はハートを満たしたハッピーなイメージを描いた。ビーチでお気に入りの人形と遊んでいる自分の後ろをイルカが泳いでいる。

3— ハートからのメッセージ

先生はもう一度、ガブリエルをコヒーランス状態に導き伝えた。「ビーチに戻ったら、あなたの問題について何を知る必要があるのか尋ねてごらんなさい」。目を開けると、ガブリエルは自分がベッドに寝ている絵を描いた。

思考を超えた　素晴らしい贈り物

洞察

とは…？

このときガブリエルが受け取ったのが、コネクション・プラクティスで「洞察」と呼んでいるものです。辞書を引くと、洞察とは『鋭い観察力で物事を見通すこと。見抜くこと』（『大辞林』より）とあります。一見、難しい問題に見えることも、ガブリエルの洞察が伝えてくれたように、驚くほどシンプルな方法で解決できるのです。

例えば職場で部下の仕事ぶりに不満のあった人は、こんなプロセスを経験したそう。

◎頭で考えていた解決法
・タスクを明確化する。
・スケジュール管理を強化する。
↓
◎コヒーランス状態で得た洞察
「あなたは一人じゃない」

この洞察によって何もかも一人で背負おうとしていた自分に気づいたと言います。「もっと皆を頼っていいし、任せていい」という気づきが彼女を楽にし、現場の自主性、創造性を育むことになりました。

「コヒーランス状態でハートにアクセスすると、洞察を得られることがあります。コヒーランスになると脳機能が高まり、頭では考えられないような素晴らしいアイデア、飛躍的な発見を得て、人生を前進させることができるのです」（玄さん）

「アインシュタインは洞察を〈聖なる贈り物〉と呼んだそうです。スティーブ・ジョブズは〈あなたのハート、そして勇気に従いなさい〉という言葉を残しています。思考は二の次、直感と勇気に従うことが大切と言っているんですね。歴史に名を残す独創的な発想をした人たちは、ハートの力や洞察のことをよく理解していたのだと思います」（ゆみさん）

「共感で自分とつながる、人とつながる」

もう1つのスキルは「共感」です。例えばただ話を聞いて欲しかっただけなのに「こうすれば良かったんじゃない?」「誰にでもあることだからさ」「わかるわかる!私なんてね……」と相手の話が始まってしまったり。そんな経験はありませんか?

日常でありがちなこうしたやり取りは残念ながら共感的とは言えないもの。

「私たちが普段何気なくしているコミュニケーションがいかにつながりを損なっているか。アドバイスをする、教育する、批評する、訂正するというのは『共感』ではありません。自慢する、あおる、それから同情する、慰めるというのも一見共感のようだけれど違うんですよ」

とゆみさん。では、ここで言う「共感」とはどのようなものなのでしょうか?

共感しようとするとき、最初に取り組むのは相手の気持ちを推測すること。嬉しい?悲しい?腹が立っている?例えば次の場面ではどうでしょうか。

朝、子どもを起こしても全然起きないとき。お母さんはイライラする一方で、「もう遅刻だわ!」という焦りもあるでしょう。一方、子どもの側からすると「布団の中は気持ちいい」「学校に行きたくないなあ」なんて思っているかもしれません。

それぞれそう感じる理由を想像してみると、お母さんのイライラや焦りの奥には「効率」「協力」「誠実さ」、子どもの方には「休息」「自主性」「ありのままを見てもらうこと」といった人生を豊かにする大切な〝ニーズ〟があるのかもしれません。

「共感するために必要なのは、相手が何を感じているかということと、感情の奥にあるその人が大切にしていることに気づくことなのです。こうした人間に普遍的な欲求をNVC※の考え方に基づいて『ニーズ』と呼んでいます」(玄さん)

※マーシャル・ローゼンバーグ博士(1934~2015)が提唱した「非暴力コミュニケーション」(Nonviolent Communication)

「感情とニーズ」に名前をつける

《わたしたちの多くは感情やニーズを表現する語彙をほとんど持ち合わせていない》(『完全につながる』ハーモニクス出版)と、リタ・マリーは自著の中で述べています。私たちはつい感情をなかったことにしたり、そう感じるべきでないと受け入れなかったり、感情をないがしろにすることに慣れてしまっているのです。

感情とニーズの言葉を学ぶために、コネクション・プラクティスでは感情とニーズを表すそれぞれ48枚のカードを使ったワークで練習します。自分と相手が感じていることにフォーカスして「嬉しい」「寂しい」など名前をつける。そしてその奥にある「ニーズ」を探し、名前をつける。こうすることで自分と相手の「感情」と「ニーズ」を認識する。それがコネクション・プラクティスで学ぶ「共感」のプロセスです。

共感のスキルをよくあるシチュエーションで解説

場面――朝、母が娘を起こすも全然起きない

感情
子どもが全然起きない。
わたしは「イライラして」、
「焦って」いる。
ニーズ
それはわたしは
「効率」「協力」「誠実さ」が
大切だから。
1
自分に共感
〈自分の感情とニーズを特定する〉
感情
起きられないのは
疲れているのかな？
ニーズ
疲れていて
「休息」が大事かな？
2
相手に共感
〈娘の感情とニーズを推測する〉

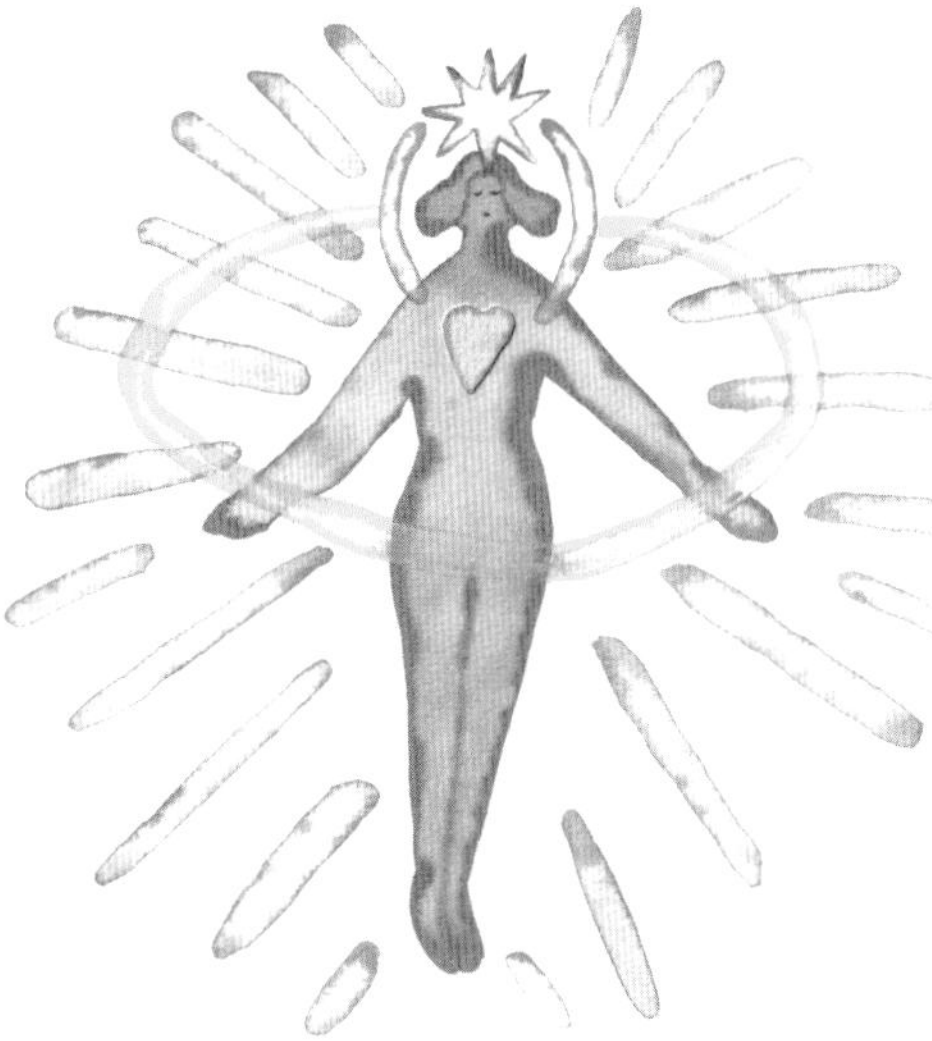

「共感」で自分と相手を理解する

ここまで述べてきたように、自分の感情とニーズを推測することを見定め、相手の感情とニーズを推測することを「共感」と言います。このお母さんの場合、「効率」「誠実さ」といったニーズがあることを見つけることができれば、そのとき「こんなにイライラするのは、『効率』が大切だからなんだ」と自分に共感することができるでしょう。そうすれば、すぐ感情的になるわたしは良くない、などと自分を責めずにすみます。子どもに対しても「そういえば最近疲れ気味みたい、もっと休息が必要かな」と共感ができれば、ルールが守れない悪い子、と決めつけるよりも、思いやりを持って相手のことを理解することができるのではないでしょうか。

「ニーズがわかると、相手のことも理解できるし、自分のことも受け入れられるようになる。ニーズとは個人的なものではなくて、人間に共通する普遍的なもの。だからニーズがわかると相手も尊重できるし、自分の価値に気づくこともできるようになるんですね」（ゆみさん）

感情はニーズを教えてくれる「サイン」

このように自分や相手とつながろうとするとき、感情はネガティブなものでも困ったものでもなく、大切なサインです。

「わたしたちは感情に対する見方を変える必要があります。感情をそのままぶつければつながりはできませんが、感情自体は大事なエネルギー。それだけわたしたちの心が反応しているということ。いったい何に反応しているんだろうと、それを見つける必要があるのです」

と玄さん。一番強いのは『怒り』の感情だと言います。強いということは、それだけ何か特別なことが満たされていないから、反応として怒りが表れているという意味がある。例えば「誠実さ」が大切なのに、それが大切にされなかったから怒りがわいているのだと理解できるのです。

「感情を見ることによって自分とつながることができるし、相手を理解することができる。だから、感情を抑えるとか、感情を感じないようにすることは、せっかくその人や自分が大事にしていることを、ないがしろにするということなんです」

人とつながるには感情が大切な役割を果たしているのだと玄さんは言います。

「感情には年齢差がありません、人種や国による差も。『悲しい』ということがどういうことか子どもでもすぐ理解できる。学ぶ必要がない、人間なら誰でも知っている感情です。それがあって初めて人と人はつながることができるのです」

心の平和を目指して

そうして、いくつかのニーズの中から最も大切なニーズが見つかったら、先ほどのクイック・コヒーランス・テクニックを行ってみてください。コヒーランス状態になったらハートに問いかけるのです。

「このニーズを満たすために、わたしは何を知る必要がありますか?」

「洞察」が訪れたら、今度はそれをヒントにアクションを起こします。自分の内側に起こった変化を、少しでいいから外側の世界にもたらしていく。それを繰り返していくうちに、ままならないと思っていた状況は変わり始めるでしょう。自分の心からの望みが叶う土壌とは、そのようにして整えられていくはずなのです。

最後にリタ・マリーがコスタリカで出会った詩の一節をご紹介しましょう。

《空の稲妻に指図する前に、まず、私たち自身のこころにある嵐を鎮める必要がある》(ロベルト・ブレネス・メセン著「Rasuror The Week of Splendor」より)

彼女の言う「心の中の平和」をよく表している一節かもしれません。

自分を取り巻く環境や状況に対して、心がざわつき、怒りや悲しみを覚えるのは誰しもあること。その状況に対し、なんとかしなければと心がいきりたつ瞬間を、わたしたちは日常的に体験しています。この詩が教えてくれているのは、周りを責める前に自分の内側をのぞきこむ必要があるということ。自分のハートは何を求めているのか。そのニーズを満たすには何を知り、行動すればいいのか。コネクション・プラクティスのプロセスは、ハートの願いを叶えるために、つまり自分自身の人生を生きるための第一歩を踏み出せるように、わたしたちを導いてくれるのです。

『完全につながる―コネクション・プラクティス』
(リタ・マリー・ジョンソン著
きくちゆみ・森田玄訳 八月書館)

「ハートに聞くってどういうこと?」コネクション・プラクティスを学べる一冊。コネプラ誕生の経緯から、コヒーランス状態の科学的分析、「共感」についても詳しく書かれている。くらすことオンラインストアで購入可。

森田 玄

コネクション・プラクティス認定講師、ハートマス研究所認定トレーナー。自然療法家としての顔も持つ。

きくち ゆみ

2014年、森田玄とともに日本初のコネクション・プラクティス認定講師に。共訳した著書「完全につながる」

くらすことのオシャンティ整子《セイコ》ちゃん

季節の変わり目は
体メンテに気を
使うよね～
わたし、
花粉症
だから
ダブルで
くる～
1
あらア、乱子！
自分の免疫力をつけないと
どんどんウイルスが
寄って来ちゃうわよ！
からだを整えるなら
私に
オマカセ。
2
からだが本来持つ
自然治癒力や自己防衛力を
最大限引き出して
くれる・・・それは
The
プロポリス、よ！
プロポリスっていうのは
みつばちが作る天然の
抗生物質のこと。
その効用は
こんなに
たくさんあるわ。
●免疫力を高めて
ウイルス感染対策
●口内炎をなおしたい
●疲れをとりたい
●花粉症予防
●風邪の長引きの予防
●肥満予防
●血糖値の正常化で
糖尿病予防
●ヒスタミンの放出を
抑制し、アレルギー作用に
よる花粉症などを予防
●老化、物忘れ予防
●抗腫瘍
ジャ～ン！
老化防止…!?
くらすことのプロポリスは
ブラジル産。
木の樽でゆっくり
熟成させた、
最高品質なの。
4
成分が凝縮された原液は
効き目バツグンで
味もちょっと
上級者向け。
わっ！
にがい!!
5
でもダイジョブ。
無農薬・無化学肥料の
ユーカリの花から採取した
「くらすことの
ユーカリハチミツ」
と合わせれば
ぐっと
飲みやすく
なるわ！
ユーカリハチミツ
6
それに
マイルドな
スプレータイプなら
持ち運べていつでも
お口へ気軽にシュッ！
かわいいイラストの
パッケージだから
女子力も
ぐんとUPよ。
ほんと….
7
おかげで
すっかりアタマが冴えて、
テストはいっつも
100点連発！
100
街中でスカウトされることも
しばしば、、、★
8
そレから・・・
みつばち様が
キューピットに
なって
ステキな彼を
引き寄せ
チャッタ！
降
臨
9
くやち～い!!
からだも心も
ポッカポカなんて、
うらやましすぎる!!
10
食べやすくて
おいしい
キャンディー
もね！
END

produced by　ペリカン倶楽部Ⅱ（ゆ～みんぶらんど・くらもとこ）

幸せの仲間がいっぱい♡プロポリス体験談

突然ですが、わたしたちの HAPPY 体験聞いてください

（ペコリ）

ハートブレイク、あいつを卒業からの…

星野きらり（42歳）

「BYE 光…」 腐れ縁の元彼、光とお別れしてからのわたしは、バイクで二人して風になったあの日のことやブレーキランプ 5 回点滅するヒミツのサインを思い出しては涙。お揃のロケットを泣きながら海に捨てても前向きになれず。風邪も引きやすく、よくいう「ハートブレイクで免疫ダウンってこういうことか…」って思っていたある日。親友のおけいから「試してみな」と渡されたのが**プロポリス原液**。半信半疑だったけど続けてみたら、隣のクラスのスポーツ万能モテモテのアキラからいきなり告白♡

イケてるあの子のヒミツ見〜つけた！

綾小路礼（17歳）

100％元気印、学園一の人気者京子。あたいもあんな風になりたい！って 24 時間監視してたら、ポーチからさっと取り出したスプレーを隠れて口にシュッ。野生の勘からすぐピンときたあたいは、画像を引き伸ばしてパッケージをチェック。「**プ・ロ・ポ・リ・ス・ス・プ・レー**」。なんなのさ、それ！ すぐさま取り寄せて使うようになったら、みるみるうちに自然な笑顔がでるようになり、好きだったケンジからいきなり告白♡

一人に決められない?! こんなことってあるの???

豪徳寺まこ（56歳）

アセンションで次元上昇する予定も、結局、何のことかわからず迎えた2021年。それが**プロポリスのど飴**をなめはじめたら、なめるごとに人間のランクが 1 ランクアップ！ 競馬で万馬券を的中させたり、いきなり宇宙の真理がわかるようになっちゃって汗。その頃から、笑顔が素敵だっていきなり告られたり、最近では告られ慣れっていうのか、呼びかけられると、また？！なんて思うぐらい、告られるのが日常になっちゃってびっくりです。

うちらの体験談はジョークで〜す！

ほんとはナイショにしたい

くらすことの プロポリスシリーズ

くらすことオンラインストアで、絶賛発売中だよーん!!!
www.kurasukoto.com/store/

自然治癒力、自己防衛力を引き出してくれる

くらすことの プロポリス原液
3,700 円

「みつばちが作る天然の抗生物質」と言われるプロポリスの原液タイプです。ブラジルの南部で採れた高品質のプロポリス原液からエキスを抽出し、木の樽でじっくりと長期熟成。本格的にからだの調子を整えたいかたには、原液がおすすめです。

のどのイガイガ、自然のお手当て

くらすことの プロポリススプレー
3,350 円

かりんやはちみつ、カンゾウ、キキョウ。のどに優しい成分が配合されたプロポリスをスプレーにしました。ウイルス予防や花粉対策にも◎ ハチミツ入りなので飲みやすくプロポリス初心者にもオススメです。

プロポリス飴なのにおいしい

くらすことの プロポリスのど飴
620 円

紀州産梅肉エキスとプロポリス、ダブルでケアができるのど飴。のど飴はあんまりおいしくないというイメージがあるので、効き目もしっかり、おいしさにもこだわったのど飴を作りました。梅肉エキスとミネラルたっぷりなユーカリハチミツがおいしさのヒミツです。

金額はすべて税抜きです。

たとえ何があったとしても、子どもを信じる思いは微塵も揺るがないことを、信じる。

「子どもを信じる」とは？

これから、わたしたちが親になったとたん、口癖のようになってしまう事柄について考えたいと思います。例えばこうです。

「残さず食べなさい」「宿題はやったの？」

「ほら、ちゃんと挨拶して」

こんなふうに口すっぱく、気がついたら朝から晩まで小言ばかり、ということはありませんか？

その根底にある心の働きについて、臨床心理士の田中茂樹先生と考えます。

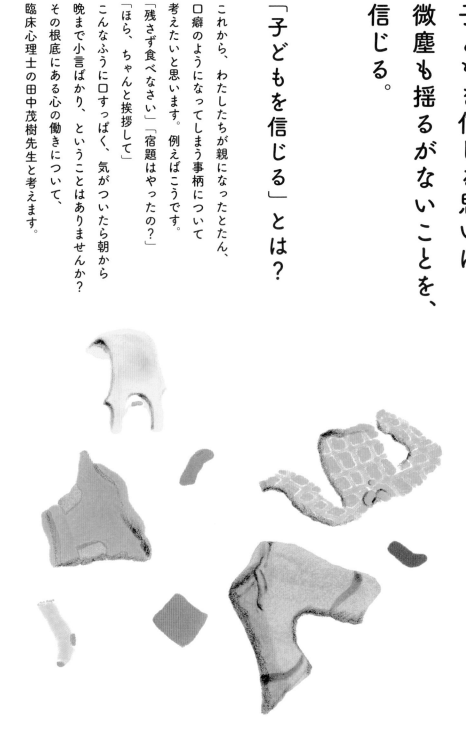

お話｜田中茂樹先生
（医師・臨床心理士）

1965年生まれ。医師・臨床心理士・文学博士（心理学）。４人の男の子の父親。プライマリケア医として地域医療に従事。また子どもの問題についてカウンセリングを行っている。著書『子どもを信じること』（さいはて社）他。

健康的な食習慣や良好な人間関係は、確かに「幸せ」に生きられることを助けてくれるでしょう。しかし、それ自体が人生の目的ではないはず。親であるわたしたちは、しばしば「子育ての最終的な目的」を忘れて、手段にこだわりがち。

それに対して、不登校、摂食障害、自傷行為など子どもの問題行動に対するカウンセリングを行う臨床心理士である田中茂樹先生は問いかけます。

「子育ての最終的な目的とは、子どもが幸せに生きられることではありませんか？」

小言をやめる

先生が勤めるクリニックには、わが子の不登校、拒食・過食、リストカット、万引きなどに悩む親が相談に訪れます。多くの場合、先生が最初に提案するのは「小言や指示、命令をやめましょう」ということ。それには朝起こすことから、食事に呼ぶこと、忘れ物はないかと確認することなども含まれます。そう聞くと、それのどこが問題？ むしろそういう言葉がけをしなかったら、うちの子は何もできません、という声も聞こえてきそうです。なぜ、このような提案をするようになったのでしょうか？

「僕がカウンセラーを始めて20年以上経ちます。親御さんと面談していると、バランスよく食べるとか、宿題するとか、挨拶するとか、着替えるとか、それをどうやったらきちんとさせられるようになりますか？という話ばっかり出てくるんです。それを聞いているうちにだんだん、これは子どもの問題というより、『こうさせんといかん』と思い込んでいる親の方の問題ではないかと思い始めました。それがスタートです」

構成・文　松本あかね
イラスト　野瀬奈緒美

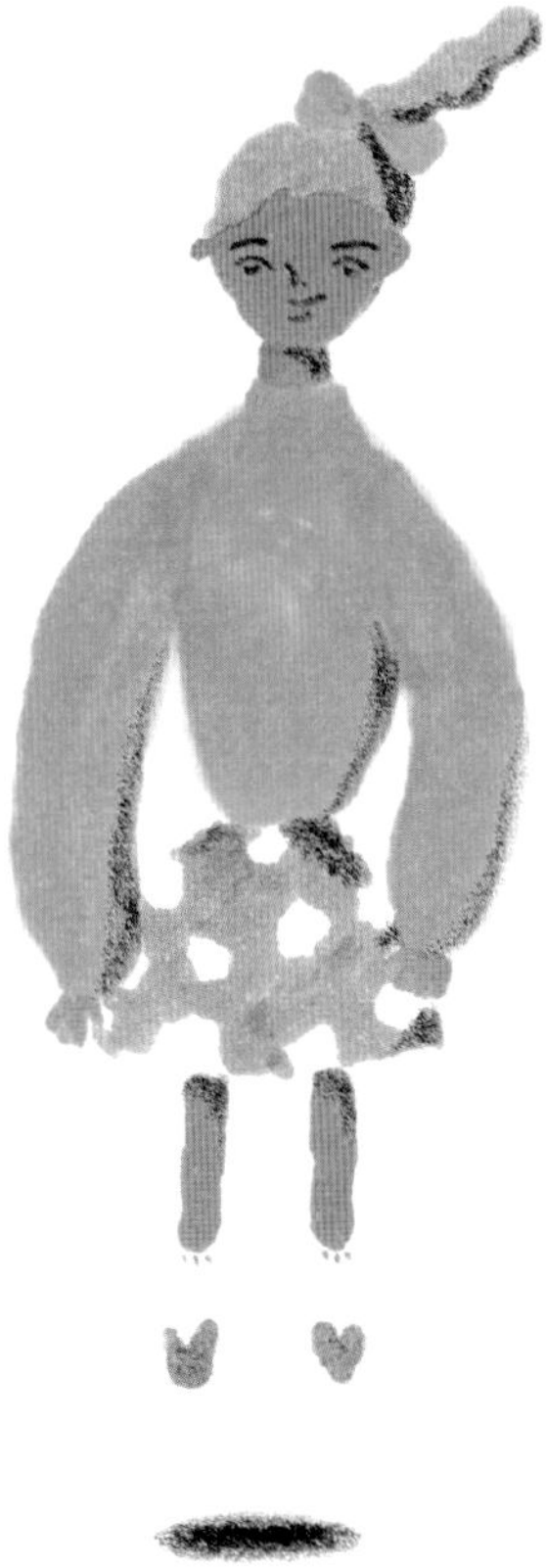

不安が「小言」に換わるとき

最低限のことをきちんとできなければ将来困るのは子ども、だから多少うるさがられても気づいたことは言い続けなければならない、と考える人は多いでしょう。けれど、心理学的な側面からは別の見方ができるようです。

「心には、向き合うと不安になるような困難な問題を、より簡単で対処できる他の問題へと、無意識に置き換えている働きがあります。置き換えていることに自分では気がつきません。これを『置き換え』と言います。有名な例としては、死ぬことへの恐怖や不安を『手が汚れている』という心配に置き換えて、一日に何十回も手を洗い続ける『手洗い強迫』があります。死というのは誰しも避けようがないことだけれど、汚れている手を洗うことはできます。それに専念することで、より大きな不安から一時的ですが逃げることができます」

「子育ての場面だったら、この子がどうしたら幸せになるか、どうしたら不幸にならないかということは、親にとってはすごく難しい課題。けれど、いい子ですね、と言ってもらえる子にするとか、好き嫌いがない子や挨拶ができる子にする、いい学校に入るということは、がんばったら何とかクリアできそうな課題に見えるじゃないですか？それで、根源的な問題には向き合わずに、対処可能な問題に一生懸命取り組むということが起こります」

「早寝早起きして、100マス計算ができて、字がきれいで、片付けができてとか、そういうふうにしておけば、幸せになれるんじゃないかと思うわけです。でも、これは多かれ少なかれ誰でもやっていることでもあります。不安から逃れられるので、それ自体は悪いことではないんですよ。けれどやりすぎると、親も子もしんどくなるということですね」

親御さんの中には、小言を言いたくなったらノートに書くということをしてみたら、1日で何ページにもなったというエピソードも。子どもからすれば、小言のシャワーを浴びているようなものかもしれません。

「そうですね。小言を言うということは、あなたはそのままじゃダメだよというメッセージを送ることになるんです。そこに問題があると僕は思います。子どもたちが起こす問題行動は、そうやって積み重なった否定的なメッセージへの反応なのだと思います」

楽しい家で育つ

子どもに「家は楽しいなあ、落ち着くなあ」と感じてもらうこと、それだけを目指したらいい、と先生。

「保育園の子どもを、家庭の味を味わわせるために、夜は連れて帰ってご飯を食べさせたり、お風呂に入れて寝かせているんだと考えてみてください。基本、この子は保育園から来た子と思って接してみると、一緒にいる時間を大事にしたくなりませんか？せっかく預かっているのだから、イヤな思いをさせるよりも一緒に楽しんで、家っていうのは楽しいなあ、と思ってもらうくらいがちょうどいいんじゃないかと」

何事もしつけよう、教育しようという態度から、たくさん笑わせよう、喜ばせようという心構えで接していったとき、何が起こるでしょうか？

「子どもが家を出た後で、ああ、うちは楽しかったなと思うでしょう。ドロシー・ロー・ノルトさんの『子どもが育つ魔法の言葉』の中に、有名な詩があります。その一説に《けなされて育つと子どもは、人をけなすようになる》《和気あいあいとした家庭で育てば、子どもは、この世はいいところだと思えるようになる》。究極の言葉やなあと思いますね」

成功体験？失敗体験？

最近よく聞く言葉に「成功体験を持たせる」というものがあります。例えば、引っ込み思案な子だからスポーツなどで勝つことで自信を持たせてあげたいという親心。そういう機会を用意してあげることも、また大切なことではありませんか？

「何を成功と言って何を失敗と言うかは、子どもと大人では違うことがあります。大人は失敗だと思っているかもしれないけれど、子どもからしたら全然失敗ではないこともありますからね。逆に大人は成功と思っていても、子どもは成功と思っていないことも」

「例えば遠足のお菓子。子どもって変なんばっかり買うでしょう？もし、食べ物にすごく気をつけているご家庭で、子どもが色のついた毒々しいお菓子を買ってきたら、大人にしてみたら失敗と言いたくなるけど、子どもにしてみたら大成功かもしれない。みんなと同じものが食べられて。逆に無添加のビスケットなんかを買うことになったら、大人から見たら成功やけど、子どもからしたら大失敗やね」

「最近、こんなことがありました。知り合いがインドアな自分の子どもをアウトドアに触れさせたくて、キャンプに申し込んだんです。ところが子どもは最後のところで拒否して、車に乗らなかった。地べたに寝転んで抵抗して、いやや、言うてね、小学3年生の男の子やけど。それはその子にとっては成功体験なんですよ。親は子どもがイヤでもキャンプして帰ってきたら成功体験になると思っているかもしれないけれど、僕から見たらその子がイヤなものをイヤと言い通したところが、成功体験やなあ！と。最終的に親も受け入れてくれたし、説得に成功して、自分の意見を通すことができたわけやから」

「4つの別れ」

子どもはそうした「成功体験」を重ねて、少しずつ、自分の足で立てるようになるのかもしれません。けれど、子どもの変化に戸惑ったり、抑え込んだり、子どもの挑戦を喜べないとしたら、それは「別れ」に直面した心の反応かもしれないと田中先生は言います。

「成長とともに、子どもが親から離れていく段階的なプロセスがあります。僕はそれを『4つの別れ』と呼んでいます（※図参照）。つい先日のことだけれど、うちは子どもが4人いて、上の3人はもう下宿してるから家にいないけれども、どうも3番目の息子がタバコを吸っているらしい。これまで健康に配慮して僕らも育ててきているのに、タバコを吸うといったら発癌性物質を毎日取り込むわけだから、とんでもない話じゃないですか」

「でもね、そこで『タバコをどうやってやめさせようか』と悩み始めると、ややこしいことになる。タバコを吸っている子どもが問題なんじゃなくて、まぁそれは問題だろうけれど、それよりも、成人した子どもをどうやって正しい方に導こうかなということに捉われ始めている自分の方がどうなのかなと」

「取り組めるのは実はそこですよ、ということやね。そうは言っても、子どもがこれまでの生活や親と同じ価値観から離れていこうとする瞬間には、すがっちゃったり、抑え込もうとしてしまったりするのは、ある程度仕方ない。そのとき『もしかしたらこれって〝別れ〟に抵抗しているんじゃないかな』と、ちょっとでも思うことができたら、自分を取り戻せるでしょう。意識できなければ自分が正しいと突っ走ってしまうから。それだけでもだいぶ変わると思うんです。決して、完璧に別れを乗り越えんといかんとかいうことではないです」

「4つの別れ」

（『子どもを信じること』より）

第❶の別れ

「誕生」（身体の別れ）

誕生し、へその緒が切られることで、母子一体の時代が終わる。

第❷の別れ

「再接近期」（別の存在という気づき）

子どもが歩き始め、移動能力が高まった結果、気がつくと親が近くにいないという体験をするようになる。

第❸の別れ

「一次反抗期」（自分の意志への気づき）

急激に言葉が上手になる２歳頃は「言語の決壊期」とも呼ばれ、それまで素直だった子どもが急に「イヤだ！」と自己主張するようになる。

第❹の別れ

「二次反抗期」（自分の価値観への気づき）

「親の価値観と自分の価値観は違う」という意識が生まれ、家族より仲間との関係が重要視されるようになる。言葉遣いや服装も学校の先生から叱られそうなものに。

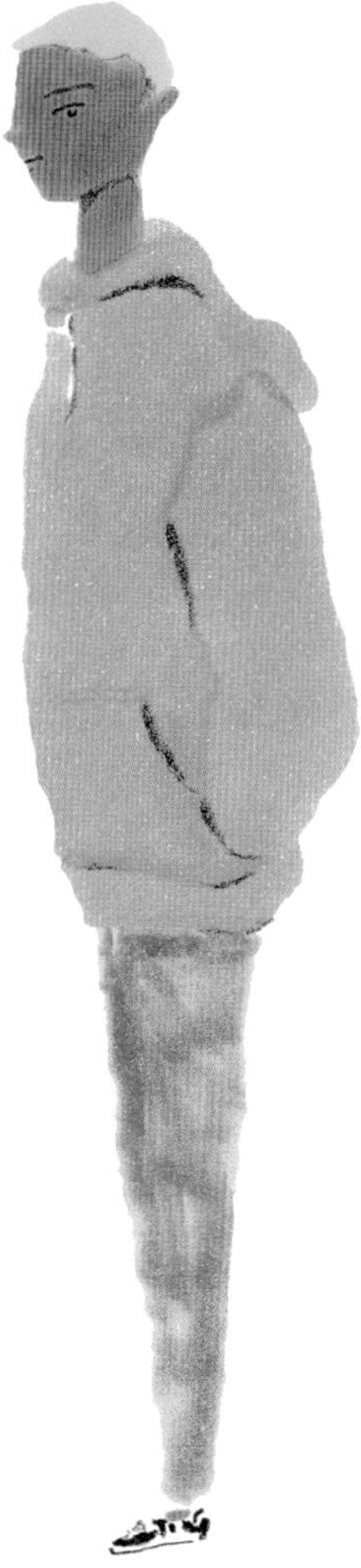

「役割を演じてしまう」

子どもを喜ばせる、子どもの親離れにジタバタする自分に取り組む。そうしたプロセスを進んでいくうちに、実は自分が親にそうして欲しかったんだ、と気づくことがあります。

「中には自分は親に厳しく育てられたから、子どもにやさしくできないし、やさしくされる子どもはずるい、と感じる親御さんもいます。それは自分の子どもに対して嫉妬しているんですね。でも、実はその嫉妬は子どもにやさしい対応をすることで取り返せると思うんです。そのとき向かい合っている子どもは、言ってみたら半分自分なわけだから」

「親が子どもに対して、自分自身の親の気分になって振る舞ってしまうことがあります。たとえ間違っていても、子どもに絶対に謝らないとか、弱いところを見せてはいけないとか。そういうとき、自分が知っている親の姿を知らないうちに真似している場合があります。心理学で言う『役割を演じる』ということが起こっているのですね」

「反対にここで子どもにやさしくすることが、子どもだった頃の自分にやさしくすることにもなります。絶対に怒られるような場面で水に流してもらえたら、子どものときならすごく嬉しかったでしょう？できる反省はもう十分しているから、お咎めなしというのが最高なんです。つまり、子どもにとってベストの対応。それを自分の子どもにしてみると、親御さん自身も癒される部分があると思います。なかなか、簡単なことではないと思いますけれどね」

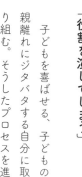

親が自分自身を受け入れる

《親の子どもを受け入れられない主な原因は、親自身が自分を受け止められない点にある》

　これは田中先生の著書「子どもを信じること」（さいはて社／旧大隅書店）で紹介されている、長谷川博一先生（公認心理士、こころぎふ臨床心理センター代表）の言葉です。

「まさにその通りですよね。例えば、もし子どもがキャンプに行きたくないと言ったとき、親が『行きたくないなら行きたないでいいやんか』という気持ちになれれば、そういう子どものことも受け入れられる」

「親が『こうでないといかん』という理想像みたいなものに縛られていて、常に『今の自分はもっと変わらなあかん』と思っているような状態だと、子どものことも『こうならないかん』という目で見てしまう。長谷川先生が言っているのはそういうことだと思いますね」

「よくがんばってるやん、と長谷川先生はよくおっしゃるよね。お父さん、お母さん、あなたよくがんばってるよと。よくがんばってここまでやってきてるよと長谷川先生は言ってくれる。親が自分をそう思うことができれば、子どもに対しても、この子もがんばってるなぁと思えると思うんですよね」

「もう一つ、長谷川先生は悪いことをしたときにこそ『お前は大事な子だ』って言うのがいいと言います。多少の悪さはコラ！でいい。だけど、親自身もこれは到底受け入れられないみたいな場面でこそ、ということだと思います」

　そういうときは子どももピンチだけれど、親もピンチ。そういうときにこそ、子どもを信じる自分を受け入れる。

「子どもを信じるということは、どんなに親が望まないことをしたとしても、『この子は大事な子だ』という思いが微塵も揺るがない。それを信じることなんです」

　はじめに先生が言った「子育ての最終的な目的とは、子どもが幸せに生きられることではありませんか？」という問いかけ。それが今思い出されます。親の究極的な役割は「子どもを信じること」、その一点に尽きるのかもしれません。

　小言を控えて、笑わせて、うちはいいところだなあと思ってもらう。子どもの失敗は咎めるより励まして、成功には「よかったな」とさらり、あるいは「すごいじゃん！」と素直に伝える。子どものやりたいこと、したくないこと、どちらもときに折れつつ受け入れる。そして痛みを伴いながらも、親から離れていこうとする子どもの背中を見送る。たとえ子どもが何かとんでもないことをしでかしたとしても、「この子は自分の大事な子だ」と信じる自分を信じていく。

　先生がお話しくださった、「子どもを信じるということ」、それは結局のところ、この世をよいところと信じて、滑ったり転んだりしながらも歩き続ける我が子の背中を信じることなのかもしれません。そのときに初めて、うるさいくらい元気で、かと思えばしょげたり、病気になったり、何か壊したり、しょっちゅう何かしでかしてくれる子どもとの暮らしを、いつまでも続けばいいと願っている自分自身に、気がつくのかもしれません。

田中茂樹先生に聞きました

◎おやつやゲームなど食やメディアとの関わりについて、よりよい生活環境をという親のこだわりが、子どもに「自分だけ違う」という疎外感や引け目を与えてしまっているようで「みんなと一緒がいい」と訴えてきます。何を大事にするべきか悩んでしまいます。

本当によくわかる。僕も最初の子のとき、ゲームは禁止、テレビはあかんとか押し付けていたから。でも、特別いい環境を与えてあげて、特別な子どもに育てようというのも、「挨拶のできる子に」「よい学校に」と同じ「置き換え」です。特別なものを与えないと幸せにならないという、不安の裏返しの可能性があるから。

僕自身、子どものために田んぼを借りて自然農法でお米作ったり、鶏を飼って、無農薬の野菜を作って、という感じで嵌まり込んでいたことがあるんです。ま、楽しいからやっていたのもあるけど。でも子どもって、伸びるガムとか、変な色の飴とか、うまい棒とか、ああいうのが好きなんですよね。体に悪そうなのが好きなんです。

親としては心配で、すごく上等なものを用意したり、ダイオキシンとか体によくないものをなるべく避けてみたりということにこだわっていたんだけれど、結局、子どもは仲間と同じようなものを楽しんで、それで鍛えられて育っていくというか。その頃、カウンセラーの仕事も始めて、自分みたいな親にもたくさん出会って。もし自分が子どもの立場だったら、仲間と同じものを持てないというのは、本当に心細いし居心地悪いよねえ。そういうことを気づかされたということがありました。

◎「褒めて伸ばす」とよく言われますが、どのように褒めればいいのかわかりません。

褒めて伸ばすというのは方向を限定するでしょう？これならいいけど、そっちはダメと言うのと同じだから。親がいいという方向に子どもを誘導してしまうから、基本、褒めるというのはいらないかなと思うんですね。子どもにも親とは違う好みがあるはずなのに、褒めることで親の望む方に持っていってしまうと、子どもの個性が伸びにくくなると思いますよ。

まったく褒めたらあかんというわけではないし、感動を伝えるのはいいと思う。「すごいな」「やるやん」とか友達に言うような言い方で。「よくやったね、えらいね」というと、なんだかえらそうで、導いている感じがあるけれど。子どもがただ嬉しく聞けるのは、いいと思うんですよね。

子どもを元気にする

アイスクリーム療法

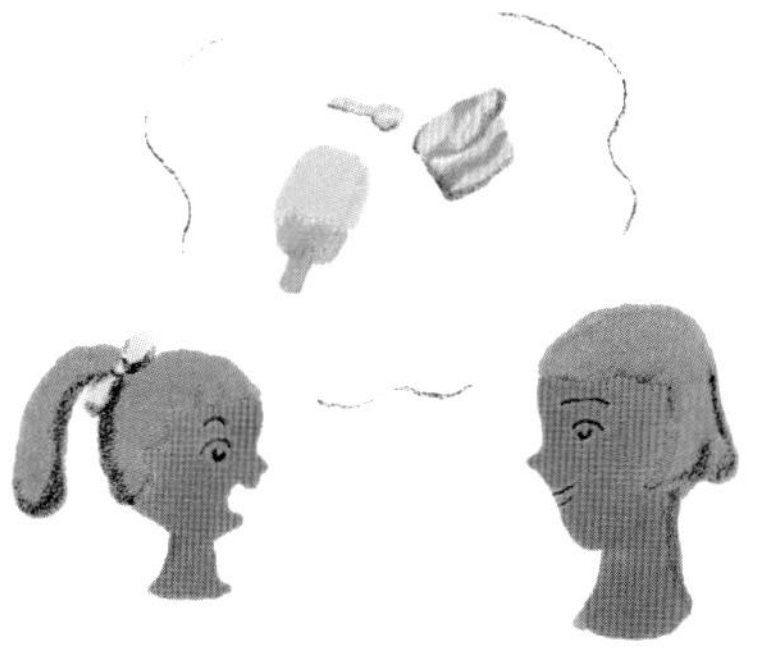

すぐに実践できる簡単でユニークな「子どもを元気にする方法」です。家の中を明るくする方法と言ってもよいですし、小言を言う親への認知行動療法※と言ってもよいでしょう。

※認知行動療法：本人に問題を引き起こしている行動を改めるだけでなく、ものの見方や考え方などもよりよい方向へ修正していく心理療法
（田中茂樹著『子どもを信じること』より抜粋）

やり方

● スーパーでアイスをたくさん買ってくる。冷凍室が満杯になるように、30個くらいが目安。

●「アイスはいつでも食べ放題だよ」と宣言する。

ポイント

● できるだけ多くの種類を用意する。子どもはいろいろな色や形、変わった容器に入ったものが好き。『アイスの実』『クーリッシュ』など。

● 子どもが選んでいるときに「早く閉めないと溶けるよ！」などと言わないこと。至福の時間を邪魔してはいけません。

●「宿題が終わったら食べてもいいよ」などと条件をつけないこと。これはご褒美ではありません。アイスクリーム療法の目的は「無条件の幸福な時間の提供」です。

● 容器を散らかしても親が片づける。リラックスするという目的を徹底するためです。

● 最初は1日に5個食べたりするかもしれませんが、そのうち落ち着いてくるようです。

— これはショック療法でもあるとおっしゃっていましたが、人によっては抵抗が？

田）そうですね。でも実際やってみるとおもしろいみたい。ある人はどんどんアイスをカゴに入れていったら、一緒にいた子どもさんが「買いすぎやで、お母さん」「ええねん、これで」。レジに並んでいるときにめちゃくちゃ幸せを感じたと話してくれました。

— アイスを大量に買うというショック療法で、自分の中の縛りが強制的に外れると？

田）うんうん、だと思いますね。自分は子どもに厳しくしすぎているかもしれないとか、実はうちの子元気ないんじゃないかというときにやってみるといいと思います。

『注文の多い料理店』序

大正十二年十二月二十日
宮沢賢治

　わたしたちは、氷砂糖をほしいくらゐもたないでも、きれいにすきとほつた風をたべ、桃《もも》いろのうつくしい朝の日光をのむことができます。

　またわたくしは、はたけや森の中で、ひどいぼろぼろのきものが、いちばんすばらしいびろうどや羅紗《らしゃ》や、宝石いりのきものに、かはつてゐるのをたびたび見ました。

　わたくしは、さういふきれいなたべものやきものをすきです。

　これらのわたくしのおはなしは、みんな林や野はらや鉄道線路やらで、虹《にじ》や月あかりからもらつてきたのです。

　ほんたうにかしはばやしの青い夕方を、ひとりで通りかかつたり、十一月の山の風のなかに、ふるへながら立つたりしますと、もうどうしてもこんな気がしてしかたないのです。ほんたうにもう、どうしてもこんなことがあるやうでしかたないといふことを、わたくしはそのとほり書いたまでです。

　ですから、これらのなかには、あなたのためになるところもあるでせうし、ただそれつきりのところもあるでせうが、わたくしには、そのみわけがよくつきません。なんのことだか、わけのわからないところもあるでせうが、そんなところは、わたくしにもまた、わけがわからないのです。

　けれども、わたくしは、これらのちいさなものがたりの幾《いく》きれかが、おしまひ、あなたのすきとほつたほんたうのたべものになることを、どんなにねがふかわかりません。

出典『注文の多い料理店』宮沢賢治（新潮文庫）

お母さんへのお話会

人のはじまりの話

お話
森田久美
（料理教室森田）

絵　高木みかを
構成　藤田ゆみ（くらすこと）

2019年6月29日（土）『くらすことの本』創刊記念イベントとして、下北沢のFOG 2nd FLOORにて開催しました「お母さんへのお話会」の内容を元に構成しました。

わたしの自己紹介をしますと、京都で料理教室森田という菜食の料理教室を行っています。菜食を通して「イノチの在り方とはなにか」を学ぶ場として、少人数制で行っています。そして、わたしも6歳の息子がいるお母さんです。息子を妊娠してから3歳まで教室を休んでいましたが、料理教室を再開する前に、わたしはしないといけないことがあると分かっていて、それがこの、「お母さんへのお話会」でした。

お母さんへのお話会の内容というのは、人のはじまりの話です。このお話は、息子の断乳が終わった1歳半のとき、わたしのなかに自分の鼓動以外の波打つエネルギーに気づきました。そこから感じるものを、育児の合間に分かる範囲で言語化し、メモや付箋に書き留め、1年半の月日を費やし最終的にまとめると赤ちゃんの話でした。今からする話は、もう子育てが終わった、もしくは小学生、中学生の子育てをされている方たちにも役に立つ何かを、お伝えできるのではないかと思っています。

○受精のひみつ

はじまりは、イノチの響きあい

去年、子どもの通う幼稚園の役員をやらせてもらったとき「幼児に教える性教育」のセミナーで受精の映像を見ました。

精子の生命は2〜3日、苛酷な状態の中で、何万個もの精子が卵子に向かい、我先にと押し退け進む姿は、争いそのものでした。そして、生き残った精子が卵子にブスっと刺さった瞬間に、他の精子が、ふーっと、小さくなり萎れていきます。これは何を示しているのでしょうか。

「強い精子が卵子を射止める」ということ。私は昭和47年生まれですが、まだ昔と変わらず、こんなことをやっているのかと唖然としました。こういうものを見せられると、「強い男の精子が女を射止め、女というものは強い男を受け入れる」「強いものが勝つ」といったふうに子どもたちは受け取りませんか？

私の中に入ってきた情報では、受精はこのように伝えられています。

無数の精子がひとつの卵子に向かっていく。精子が生きられるのは2〜3日。それは変わりません。

無数の精子が中央の卵子に向かい、そこに到達すると、花びらが風を受けて揺れているかのような動きで、同じ方向に渦を描いて卵子の周りを廻ります。全体でひとつの意思を持つかのように、揃ってある一定のリズムを刻み、波打ち、うねりを作りだしながら、今から起こる奇跡を待ち構えている様です。そして何かが起きたのでしょうか、中央に向かって渦巻いていた精子が今度は花が開いていくかのように幾度も重なり合い、回りながら外へと開いていき、中央の卵子がまた内から開いていく動きをしています。受精です。

そこには、争いもなく、悲しみもない、ただこの奇跡の出会いを賛美し、喜びに満ち溢れて湧き立つ泉のようでした。

イノチのはじまりは、「強い」とか「受け入れなければいけない」とか、「絶対」とか、そういうものではなくて、「美しく、うれしい、おめでとう！」という、祝福に満ちた状態でした。

このことを知ると、子どもに性を伝えるとき「イノチのはじまりは響きあいなんだよ」というように伝えることができるのではないでしょうか？

男の子は、強くならなくてはいけないというプレッシャーを感じなくていいので、性に対して、とても楽になると思います。また、女の子も、強い男を選ばなくてはいけないという思考から解放される。時代的にそうなってきてはいると思います。性教育の変わり時ですね。

○イノチのフォルム

人の最期まで流れるかたち

お母さんのお腹のなかで赤ちゃんが受精し、細胞分裂をしていくときから、イノチのフォルムというエネルギーの流れの形があります。手のひらが外に向かっているものが、次に内向し、なかに食い込み。また、食い込んでいくものが、外に外向していって、内向して外向して内向して外向して、こういう動きをずっと繰り返してイノチは成長していきます。例えば、子どもや植物、動物を育てるとき、自分自身のことを考えるときも、ひとつの見方として、助けになります。

赤ちゃんがハイハイしているとき、つい、「危ない！」と、外側からの働きかけによって、赤ちゃんをパッといきなり抱き上げ、自発的な動きを止めてしまいがちです。しかし、イノチのフォルムを感じていれば、内からの働きかけやエネルギーの流れを止めず、手を差し伸べるタイミングや、判断によって私たちは響きあうことができます。

このことは、様々な場面、例えば介護の現場などにもいかせると思います。私たちイノチには、このエネルギーのフォルムが流れ続けていることを頭の片隅に置いて話を聞いてください。

○赤ちゃんに魂が入るとき

つわりの仕組み

妊娠3ヶ月というのは、赤ちゃんに魂が入る時期です。しかし、近年は1ヶ月や2ヶ月で入ってくるケースも増えているように思います。妊娠中に起こる「つわり」は、この時期に起こります。つわりとは、育児書を読むと、「お母さんの身体が冷えている為につわりは起こります」と書いていたり、お母さんの食生活の改善を促したり、母体に問題があると書いているものばかりです。

女の人は「冷え」という言葉に弱すぎる傾向があります。もちろん、冷えているよりあたたかいほうが赤ちゃんは快適です。しかし、つわりでつらい上にお母さんが自分を責める必要はありません。つわりとはイノチが響きあう為に最初に行われる摩擦です。

人間は、それぞれ音を持って生まれてきます。

ドレミファソラシド

魂は、ドの音、レの音、ミの音、ファの音など、またそれぞれのリズムも持ってきます。そして地球にも音があり、地球はラの音を持っています。女性は受精すると元々持っている音が例えレの音だったとしても、必ずラの音にな

ります。そして、赤ちゃんは、お母さんから響くラの音に合わせようとします。

魂が入るこの時期に起こるつわりは、音合わせを行う為に起きてしまう現象のことであり、決してお母さんのせいではないということ。

このことは、はじめ、私も分かりませんでした。しかし、多くのお母さんとお会いし、音叉《おんさ》（※参照）を使っていろいろと試しました。音叉《おんさ》からはラの音が出ます。つわりが辛いお母さんのお腹に「お母さんの音はここですよ」と音叉《おんさ》を響かせ、軽く当てます。すると、早い赤ちゃんならば、数時間で、つわりが無くなったケースもありました。また、逆子になっている赤ちゃんに音叉《おんさ》を聞かせたときも、次の日に頭は下にいきました。

受精は精子同士が奪い戦い合うのではなく、響き合いでした。そして、魂が入り、人に成長していくとき、赤ちゃんはお母さんと響き合おうとしていること。このことを知ってもらうと、お腹の中の赤ちゃんへの愛おしさ、人に対しての愛おしさが自然に生まれるのではないかと思うのです。

※音叉（おんさ）とは、楽器のチューニングをする際に使用する道具。木などのやわらかなもので叩く。

◎5ヶ月から9ヶ月の安定期について

愛の中に浸って人間の基礎を形成する大切な時期

「安定期は無理しない程度に、普段通り動けます」と、育児書には書いています。先輩ママからは「大丈夫、仕事も復帰できるよ」と言われる時期です。妊娠5ヶ月で胎盤が完成し、赤ちゃんに安定して栄養が届くようになるため、安定期と言われます。病院でエコーを見ても動き回る元気な赤ちゃんの姿が見られますし、胎動も感じはじめます。また性別が分かる場合が多く、愛おしくなってきますね。赤ちゃんの感覚器も発達して外の音が聞こえたり、光を感じたりします。

お母さんの身体も心も落ち着き、普通に生活できる時期です。

お母さんへのお話会でお話ししています、安定期は赤ちゃんにとってどういった時期か。それは、「愛の中に浸って人間の基礎を形成する時期」です。ここでお話しする愛とは、愛情という感情とは別。

愛は無条件のものです。

赤ちゃんはお腹の中で成長しながら様々な感覚も発達させていきますが、お腹の中での発達と、お腹から出てきたあとの発達のプロセスは違います。これは何を示しているのかというと、
お腹の中で赤ちゃんは
外と内の境界線でもある触覚のない世界
この世とあの世の境目のない世界
概念のない世界
で、発達していきます。
そこになにがあるかというと、愛しかありません。
愛だけで作られた環境です。
そう、概念のない愛にどれだけどっぷり浸れるかがとても大切になるのです。
安定期だから仕事に復帰するのもいいでしょう。感覚器も発達してきている時期だからお腹の中の赤ちゃんに話しかけもいいでしょう。
しかし、忘れないでほしいのです。
安定期の赤ちゃんは、無条件の愛に浸り、愛を概念のない中で吸収しているということを。これは、生まれてから体験できるものではありません。
そのことをお母さん、お父さんが理解し安定期を過ごしてもらうと、きっと赤ちゃんは、安心してこの世を信じ生まれて来ることが出来るのではないでしょうか。また、人の成長のプロセスは、無条件の愛からはじまっているということを大人になった私たちが理解すると、愛は求めなくても、愛は既に私たちの中にあることが分かります。

お産について 赤ちゃんが決めている 3つのこと

大きなお腹のお母さん、そろそろ赤ちゃんが生まれてきますね。お産にはいろんな形があります。自然分娩、自宅出産、無痛分娩、帝王切開、水中分娩、イルカと海で？など、理想のお産がお母さんによってはあります。

赤ちゃんにとって　お母さんにとって幸せなお産とは、一体どういったことでしょうか。赤ちゃんはどう生まれたいのでしょうか？

赤ちゃんに聞いてみました。するとどうやら、赤ちゃんはお産の形にはあまりこだわりはない様子です。実は他に、赤ちゃんがお産と一体のものとして実現したい、と決めている3つのことがあるのです。

赤ちゃんがお産で決めている3つとは、

・お誕生日は
赤ちゃん本人が決めている
・お名前も
赤ちゃん本人が持ってきています
・お誕生を祝福されると信じてきています

この3つです。

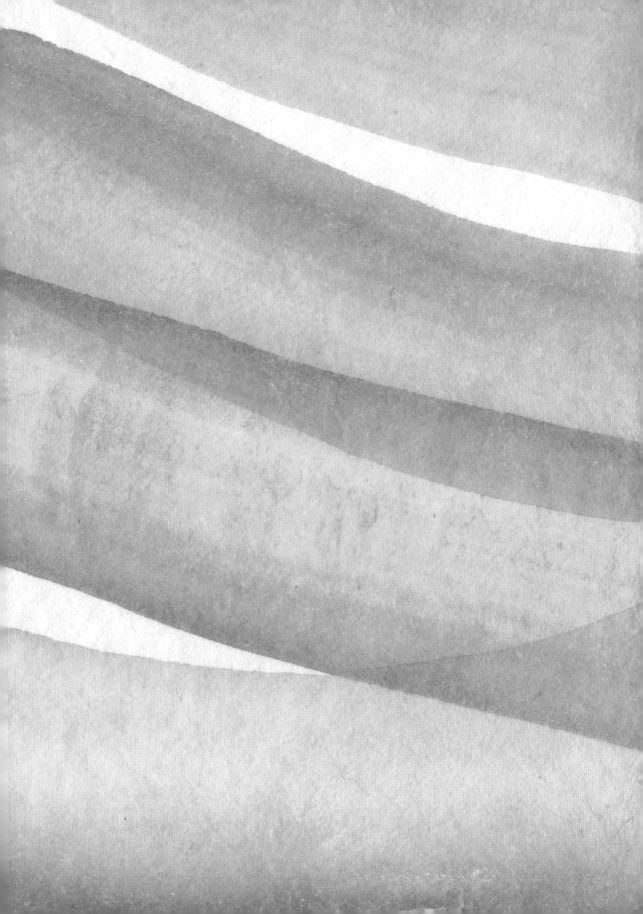

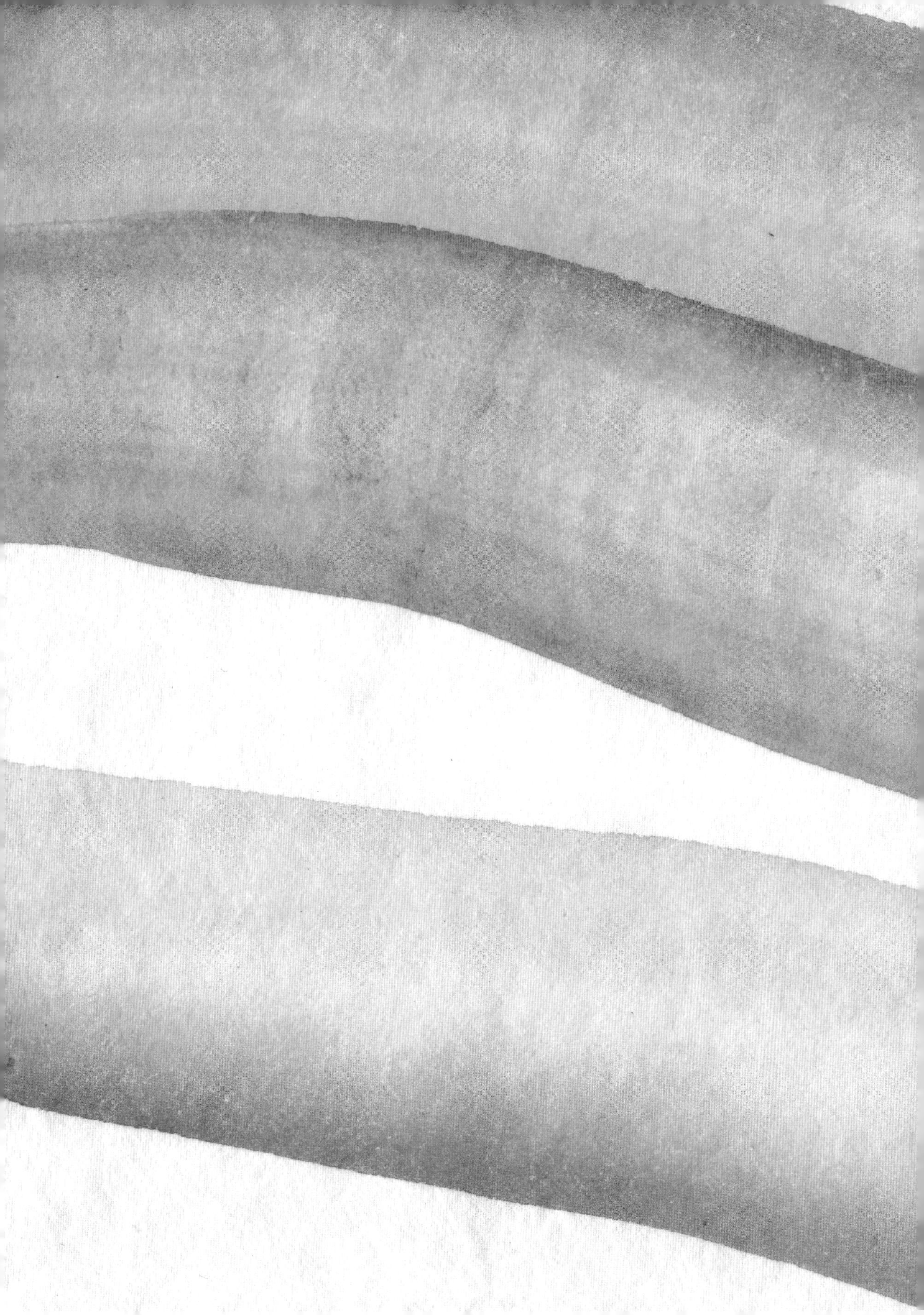

お誕生日について

　産院や、助産院で診てもらうと予定日を教えてもらいます。しかし、実際には予定日より大幅に遅れたり、また早まったりします。赤ちゃんは、この日にぼく、わたしは生まれるぞ、と、決めてGOサインを出して生まれてくるのです。その日が満月であったり新月であったりすることが多く、お産の現場ではお月様の力を借りて出てくると言われていますが、そこにこだわるものでもなく、予定日はあくまで予定日であって、赤ちゃんが生まれてくるかもしれない日、お母さんは君が決めた日に出ておいで、待っているよ。と、赤ちゃんに任せてサインが来るのを待っていてあげてほしいのです。

　お母さんが自然分娩を望んでいても、何かの原因により予定日より早まったり遅くなったり、帝王切開になったりすることもあるでしょう。でも、それも、赤ちゃん自身が決めた誕生日に生まれるために、命がけで様々に仕組んで(笑)きたことなのです。

　お母さんの身体の具合から、お産の日を病院側で決めたという方もいるでしょう。ならば赤ちゃんに「お誕生日がこの日になったの、いいかしら？みんなで待っているからね」と、伝えてあげてほしいのです。

　どういった形のお産にするかはお母さんが決めたら良いですがただ、赤ちゃんはお母さんにそこにこだわってほしいわけではないということです。

お名前について

　お名前は親が子どもにつけるもの、つけてあげるもの、というのが一般的な考え方で、そこを疑うことなどないと思います。しかし、赤ちゃんたちは自分でお名前は決めてきています。名前とは地球に生を受けて受肉するために一人に一つ必要なものなのです。

では、どうやってそのお名前が分かるのでしょうか。それは、様々なやり方でお母さんお父さんに働きかけてきます。

　一番よくあるケースは、直感ひらめき、夢です。

　お母さんがピンときた。お父さんがピンときた。スムーズに家族の同意、誰もが疑う余地のない状態でお名前が決まると、これはなかなか上手くいきました、拍手です！

　しかし、直感もあるけど迷う、いろいろ調べ、周りの意見を聞きすぎて何が何だか分からない。また、決定するには納得のいく理由がないと無理！という親御さんも多いようです。まず、一呼吸つきましょう。そして「名前は自分で決める」と、頭を切り替えてこの話を聞いてください。すると名前についての見え方、感じ方が変わります。大人になった私たちもみんな、名前を持ってこの世に来ました。どうですか？あなたはご自分の名前にしっくりきていますか？きていませんか？

　自分の名前が好き、と思える方。良

かったですね。いいえ、わたしはしっくりきていません、という方、幼少期から色んなあだ名で呼ばれたり、本名を覚えてもらいにくかったりしてきませんでしたか?その違和感から「ペンネームや、お店の屋号などで呼ばれたりするほうがしっくりくる」や、また、大人になってご自分で改名する方も少なくはありません。それでいいと思います。違和感があるならば自分で変えればいいわけです。逆に名前がぴったりの人もいるでしょう。

話を赤ちゃんに戻すと、今では医療の発達から様々なことが分かるようになり、性別も大体分かるいい時代ですね。お腹の中から自分の性別が分かってもらえていて、自分で決めた名前で呼ばれ関わってもらえるとどうでしょうか。安心してどっぷり愛に浸れませんか?またお産のとき、自分の名前で呼ばれてこの世に誕生できたら、ぼく、わたしを待ち望んでくれていることに応えようと、またこの世界を信じて産声を上げることができると思うのです。

祝福について

これは赤ちゃんの魂がお腹の中に入る以前の話です。あちらの世界で自分を生んでくれるお母さんを赤ちゃんの魂は自分で選びます。そして、お誕生日を決めました。お名前も決めました。そして最後に「いってらっしゃい！君のお誕生をみんなが祝福しているからね」と、祝福を約束されて赤ちゃんの魂は送り出されてくるのです。安心ですね。これで万全です。これは別の言い方をすれば、わたしたちイノチは信じる力を備えてこの世に産声を上げるとも言えます。

さあ、赤ちゃんが生まれる準備が整いました。

〜 0歳から断乳までのころ

ここからは成長について、また子どもへの関わり方、尊重することの大切さのお話をしたいと思います。

人は7年周期で身体の成長、精神の成長の区切りがあります。0歳から7歳までの子どもは原則として動物的な本能に従いながら生き、目の前に現れたものをそのまま受け入れます。また親と感情を共にします。この0歳から7歳までの体験がそれからの人生に大きく影響します。また3歳までは赤ちゃんとお母さんはオーラ※も共有しています。(東洋医学的には女性は7年、男性は8年周期で身体機能の変化をすると考えられています)

ここでは誕生し、新生児期間から歩くまでの1歳と5ヶ月、断乳ぐらいまでのお話をしたいと思います。

※オーラとは生体が発散している霊的な放射体

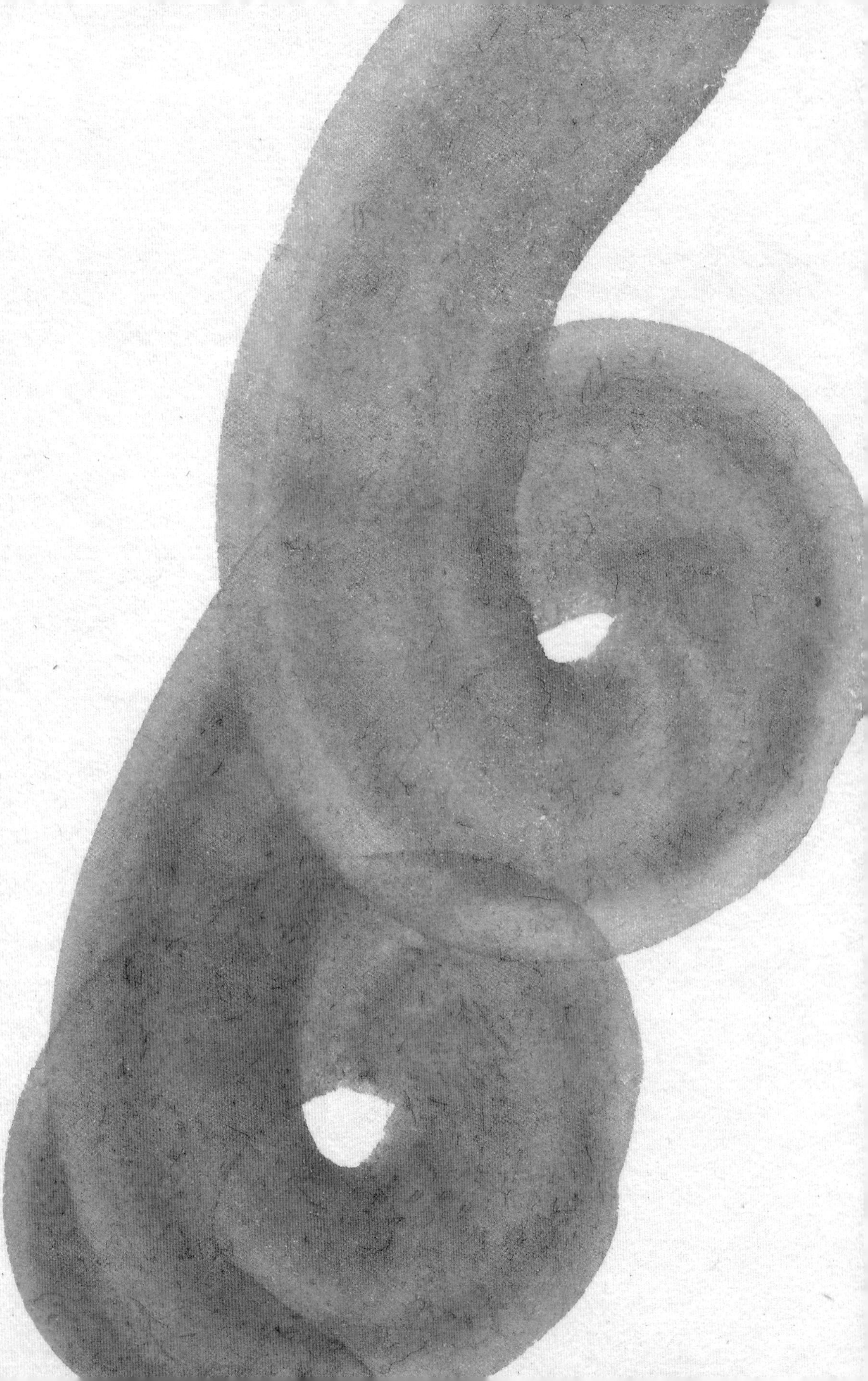

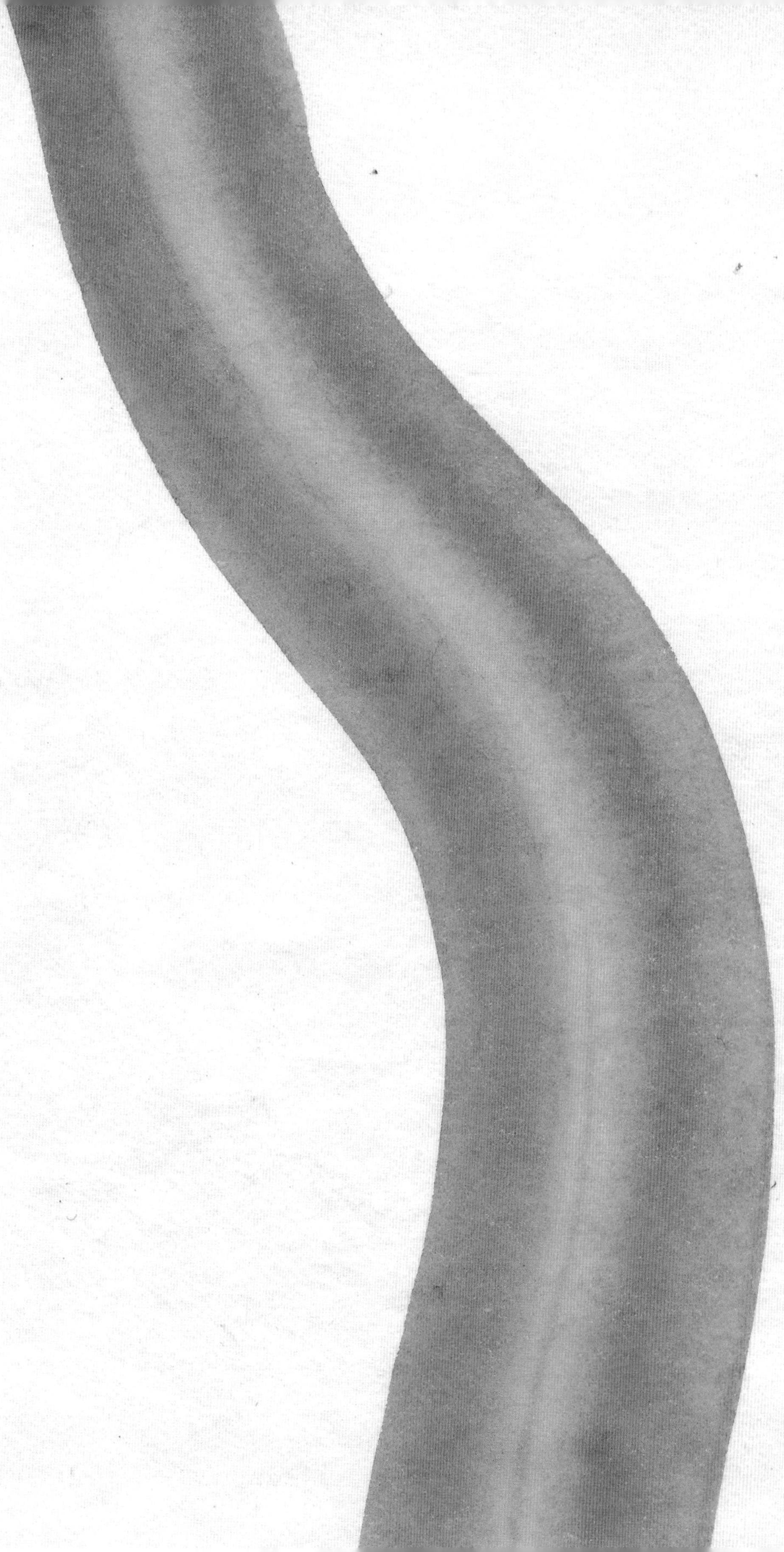

この時期、赤ちゃんはたくさん寝ます。1日平均15時間から17時間寝ると言われています。しかし、ずっと長く寝ているかというとそうではなく、まどろんでいる時間、寝ている時間、起きている時間（泣いて、おっぱいを飲んで、おむつをかえてもらいます）が1日24時間の間にとぎれとぎれで行われるためお母さんは大変。寝不足にもなり、またお産からの体調の変化、ホルモンのバランスの変化によって感覚も思考も全て変化しています。

数年経って振り返ると、お産後の1年って、謎⁉あまり覚えていない人も多い。でも、赤ちゃんはもちろんのこと、必死で育児をした自分自身を愛おしく思う、わたしは育児期間の中でもとても好きな時期です。初めての子どもだと知らないことばかりで、毎日があっという間に過ぎていきます。

生まれたばかりの赤ちゃんは光の存在。ただただかわいくて、いくらでも眺めていられますね。そして、新生児はとてもか弱い存在です。頭は頭蓋骨が開いたままで、柔らかな部分、大泉門がぺこぺこと動き、視線がおぼろげで、首は座らずグラグラと、抱くのさえ緊張した親御さんも多いのではないでしょうか。

この時期の赤ちゃんは、あの世とこの世の境目にいます。起きている時間の情報を寝ている時間にじっくり処理し、この世にゆっくり慣れていきます。そのような状態にあるので、できる限り、直射日光を避け、落ち着いた静かな環境だと赤ちゃんは安心できます。

首の座りについて、育児書にはこう書いています。

「首が座るのは、2〜3ヶ月。お母さんが目の前で指を動かすのを見て、首を動かして目で追うようなら、首は座っています」と。実はちゃんと首が座るのには、6ヶ月から7ヶ月かかります。

毎日の育児の大変さも分かります。しかし、できる限り7ヶ月ぐらいまでは赤ちゃんは横抱きやベビーカーの背中もあまり起こさず、赤ちゃんのペースで首がしっかり座るのを待っていただきたいと思います。

本来イノチは然るべき時間の中で、全てに尊重され、また自発的な行いによって成長していきます。それは、イノチがこの世に生まれこの世を去る日まで。

か弱い存在のかわいいわが子。沸き起こる愛情から何かしてあげたい気持ちに親はなります。しかし、これは、赤ちゃんからしてみれば、自発的な成長のお邪魔が入るということ。

母子手帳や、一般的な情報を目安にするのは分かります。しかし、それはあくまでも目安であり、決して正しいわけではありません。またイノチが成長していくことは、正解不正解といった枠には収まるわけがありません。

この世に産声を上げ、視線が定まり、

首が動き、自分の手を不思議そうに眺め、モノをつまみ、身体を動かしはじめ、寝返りをし、首をもたげ、四つん這いになり、ずりばいをし、腰が上がりハイハイし、お座りをしたのち、つかまり立ちをし、背骨が立ち上がり、一歩足が出て歩き出すまで、赤ちゃんは誰の手を借りずとも、全て自発的に行います。失敗しても何度も挑戦します。自分で身体の使い方を工夫し成功体験を積み重ねひとつひとつ獲得していきます。

何もできないか弱い赤ちゃんと思い込み、また、成長が遅れてはいけない！と大人は手を出して、子どもの成長の機会を知らずに奪ってしまいます。

イノチはそのように奪われて自ら獲得できなかった体験を、のちの成長過程において、様々にカタチを変えて取り戻そうとします。

愛ある眼差し

イノチが成長していく過程には、必ず然るべき時間があり、それは誰も手を貸すことはできません。別の言い方をすれば、イノチは尊重され成長しているとも言えます。では私たちは何ができるのでしょうか。

それは、愛ある眼差しです。

眼差しとは「見る」ではなく「瞳に映す」ということ。それは、どういう状態かというと、子どもをじっと見るのではなく、「瞳に映っている」状態で関わることです。

これは、生まれたばかりの赤ちゃんの表情を思い出してください。

「どこ見ているの?」というかんじで、宙をぼんやりと見ていませんでしたか?あの眼差しが、愛ある眼差しです。

子どもたちが成長していく上で、尊重され大人から愛ある眼差しを感じ生きていくことができれば、それは大人も子どもも幸せなことだと思います。

生れて間もない赤ちゃんが、お母さんを愛ある眼差しで見つめている。

お腹の中で存分に味わった愛から、眼差しをお母さんへ向けているのです。地球でイノチが続く理由はここにあるとわたしは思います。

「おめでとう」という言葉

愛ある眼差し、そしてもうひとつ関わり方があります。それは、言葉がけです。

まず、赤ちゃんに、わざわざ赤ちゃん言葉を使わなくともちゃんと通じています。然るべき時間の中で成長し、尊重されて育った子どもは赤ちゃん言葉を使いません。例えば、ママやパパ、わんわんや、マンマ、などです。

赤ちゃんは、お母さんお父さん家族の会話を聞いています。そしてだいたいのことは分かっています。

また、あいさつや、ありがとう。ごめんね。といった言葉を早く教えなくてはと思う必要もありません。大人が実践しているのを見て、子どもは使い方を学びます。気持ちの良い挨拶をする子は、やはり親子さんも気持ちのいい挨拶をされる方です。

子どもと関わる中で意識して使ってほしい言葉があります。

それは、「おめでとう」という言葉です。

「おめでとう」という言葉には不思議な力が宿っています。

言った方も、言われた方も同じものを感じます。

それは無条件の愛です。

別の言い方をするとイノチの言葉です。

例えば、首が座った、寝返りができた、逆上がりができた、数字が読めたと、子どもが何かを獲得したとき「すごいね！」ではなくて、まずは「おめでとう！」と伝えてほしいのです。

それは「わたしたちイノチは祝福されています」と、イノチ同士が響きあうことができるからです。

わたしは祝福されてここにいる。そのことに疑いを持たない子どもは、お母さんの頭を悩ませる夜泣きも少なく、断乳や、おむつからパンツもスムーズに終わっていきます。また、俗に言われるイヤイヤ期も、あっという間に終わります。強いて言えばのちの、思春期も構えることなく一通過儀礼のように過ぎ去っていきます。そして親から離れていく時、世界を信じ自分自身の意思で決断し美しく羽ばたいていくことでしょう。

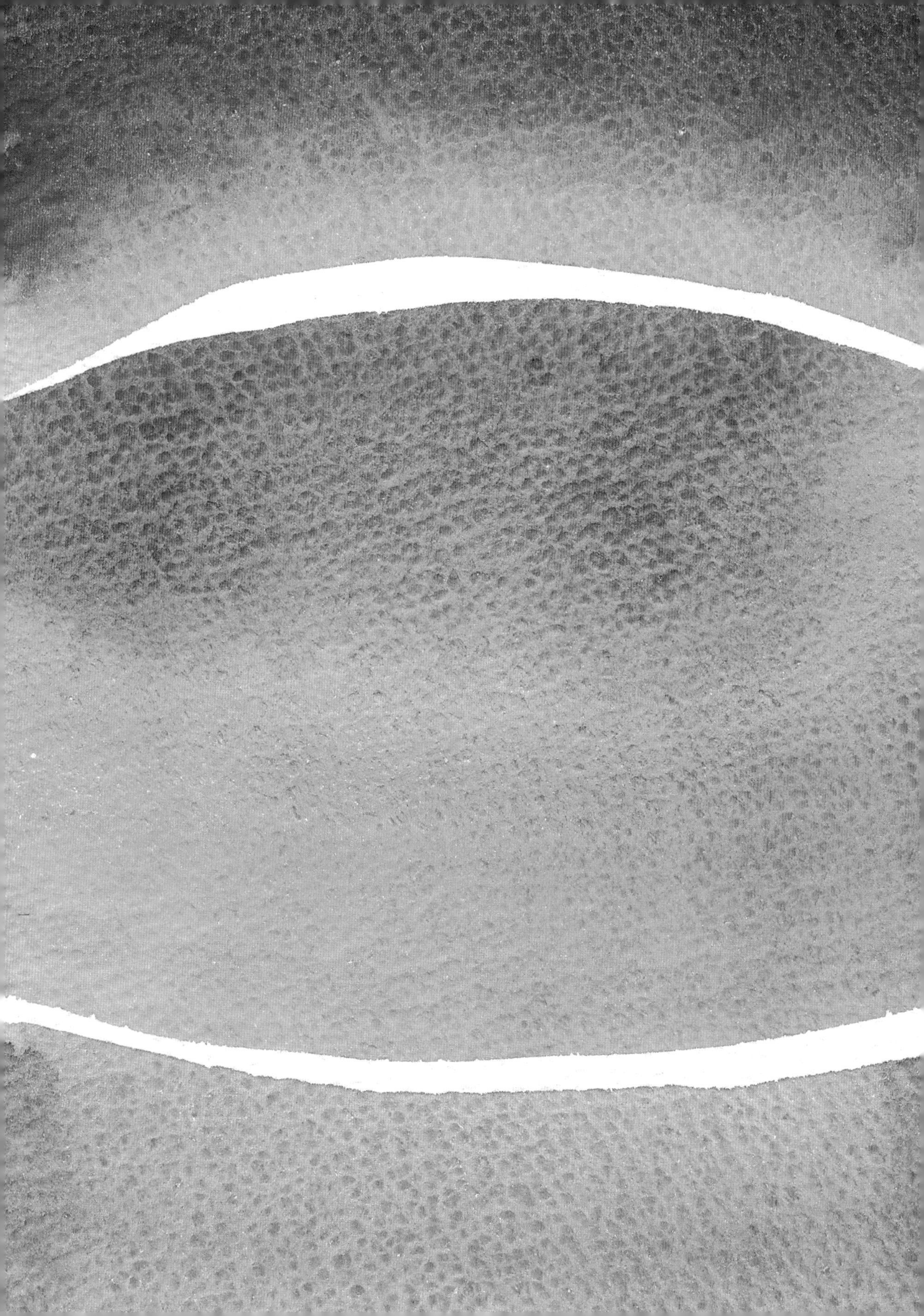

以上をもちましてお母さんへのお話を終わります。

子育て中の方、また子育ては一区切りついたという方、妊婦さんの方、これから結婚する方、様々な立場の方が読んでくださったと思います。

ありがとうございました。

何かを感じていただけたのではないでしょうか。

わたし自身このお母さんへのお話会をとても大事に思っています。

このお話会の内容をカタチにするにあたり、わたし自身の内面奥深く眠っていたものが、目を覚ました感覚を体験しました。お母さんへのお話を読んで、信じるも、信じないも、どちらでもいいと思います。ただ、こういった視点もあるということ。そして、このお母さんへのお話が、ご自分をより自由にするものであれば、どうぞ暮らしにお役立てください。

今回くらすことの本にて、愛を広めようと、このように書面化していただきました藤田ゆみさん、お母さんへのお話全体に寄り添い美しい絵を描いてくださったみかをさん、私を信じ書くようにと、勧めてくれたセラピストのkaiさん、いつも惜しみなくサポートしてくれる愛する家族スタッフに特別な感謝の気持ちを捧げます。

料理教室森田　森田久美

子どもについて

赤ん坊を抱いたひとりの女が言った。
どうぞ子どもたちの話をして下さい。
それで彼は言った。

あなたがたの子どもたちは
あなたがたのものではない。
彼らは生命そのものの
あこがれの息子や娘である。

彼らはあなたがたを通して生まれてくるけれども
あなたがたから生じたものではない、
彼らはあなたがたと共にあるけれども
あなたがたの所有物ではない。

あなたがたは彼らに愛情を与えうるが、
あなたがたの考えを与えることはできない、
なぜなら彼らは自分自身の考えを持っているから。

あなたがたは彼らのからだを宿すことはできるが
彼らの魂を宿すことはできない、
なぜなら彼らの魂は明日の家に住んでおり、
あなたがたはその家を夢にさえ訪れられないから。
あなたがたは彼らのようになろうと努めうるが、
彼らに自分のようにならせようとしてはならない。
なぜなら生命はうしろへ退くことはなく
いつまでも昨日のところに
うろうろ　ぐずぐず　してはいないのだ。

あなたがたは弓のようなもの、
その弓からあなたがたの子どもたちは
生きた矢のように射られて　前へ放たれる。
射る者は永遠の道の上に的をみさだめて
力いっぱいあなたがたの身をしなわせ
その矢が速く遠くとび行くように力をつくす。

射る者の手によって
身をしなわせられるのをよろこびなさい。
射る者はとび行く矢を愛するのと同じように
じっとしている弓をも愛しているのだから。

出典　『ハリール・ジブラーンの詩』
神谷美恵子訳（角川文庫）